请你来协商

政协杭州市上城区委员会 编著

上海交通大学出版社
SHANGHAI JIAO TONG UNIVERSITY PRESS

图书在版编目（CIP）数据

请你来协商 / 政协杭州市上城区委员会编著 . -- 上海 : 上海交通大学出版社 , 2022.9

ISBN 978-7-313-27473-1

Ⅰ . ①请… Ⅱ . ①政… Ⅲ . ①基层工作—民主协商—研究—杭州 Ⅳ . ① D625.554

中国版本图书馆 CIP 数据核字 (2022) 第 175249 号

请你来协商

QINGNI LAI XIESHANG

编　　著：政协杭州市上城区委员会

出版发行：上海交通大学出版社　　地　　址：上海市番禺路 951 号

邮政编码：200030　　电　　话：021-64071208

印　　刷：杭州捷派印务有限公司　　经　　销：全国新华书店

开　　本：710mm × 1000mm 1/16　　印　　张：12　　插页：3

字　　数：172 千字

版　　次：2022 年 9 月第 1 版　　印　　次：2022 年 9 月第 1 次印刷

书　　号：ISBN 978-7-313-27473-1

定　　价：89.00 元

序言

多年前，我在担任中央党校“中国共产党协商民主的理论与实践”创新课题组首席专家期间，曾带着全组同仁和杭州市政协保持密切联系，进行一系列调研、交流，我们的很多创新灵感和成果都来自杭州市政协，特别是上城区政协。后来虽因工作变动等原因渐少联系，但我们仍然一直关注杭州市政协的有关消息。最近收到上城区政协《请你来协商》书稿，并请我代为作序，尽管不胜惶恐，还是欣然应允。仔细拜读后，深为上城区政协生动活跃的协商文化和创新实践感到由衷高兴，更为基层协商民主“百花争艳”带来的“累累硕果”感到无比欣慰。

“每有大事，必相咨访。”中国文化历来就有“有事好商量”的传统，小到家庭、邻里，大到一个单位、一个国家，在涉及群众的事务上，往往通过“商量”的办法解决问题。可以说，“商量”是中华传统文化的“底色”。

有事好商量，众人的事情由众人商量，是人民民主的真谛。习近平总书记先后在庆祝人民政协成立65周年大会、党的十九大和中央政协工作会议暨庆祝人民政协成立70周年大会等重要会议上提出这一重要论述，为新时代人民政协积极践行全过程人民民主、开展基层协商民主实践探索提供了根本遵循和行动指南。

“商以求同，协以成事。”人民政协作为具有中国特色的制度安排，是社会主义协商民主的重要渠道和专门协商机构。从成立之初，人民政协就把“协商”作为己任，把“协商”贯穿于全部工作的始终，也以此作为推进协商民主进程中的价值追求。

做好基层协商民主工作，关键在于坚持“协商于民、协商为民”。“请你来协商·有事好商量”就是架起基层群众和党政部门之间坦诚对话、真诚交流的“连心桥”，开启群众的事同群众多商量、大家的事大家商量着办的“直通车”。

杭州市上城区政协正是在全国上下积极探索新时代基层治理模式创新的浪潮中，带着“政协是什么”“政协干什么”“政协怎么干”的“灵魂质问”，积极而扎实地找寻符合基层实际的协商模式和政协方案。2018 年 5 月，区政协探索开展了题为“‘百千万’蹲点调研集众智　合力推进老旧小区截污纳管”的“有事好商量”首场专题协商会，开启了基层政协专门协商机构功能定位和作用发挥的实践探索。2019 年 10 月，中共中央政治局常委、全国政协主席汪洋亲临“请你来协商·有事好商量”上城区政协协商总平台视察指导，从体现制度优越性和国家现代治理能力角度给予肯定和点赞。

在习近平总书记关于加强和改进人民政协工作的重要思想指引下，在全国政协和省市政协的指导下，上城区政协始终不渝地对标新时代人民政协的新样子，坚持围绕中心、服务大局，坚持创新驱动、以民为本，在建言资政和凝聚共识上双向发力，在协商内容上紧密切合宋韵文化传承、“居者有其屋”、“云端”战“疫”等区情政情及党政中心大事、改革发展要事、民生改善实事、社会治理难事，在协商形式上采用数字化、多场景、多形式，在协商平台载体建设上构筑“1+N+X”协商体系，在协商对象选择上突出针对性、代表性和专业性，在协商过程中按照习近平总书记在中央政协工作会议上提出的平等协商、有序协商、真诚协商要求，积极营造广开言路、广听民意、广聚民智的协商氛围，形成了具有辨识度的上城政协协商文化，紧扣政协团结联谊主题和协商初心愿景，突显人民民主的真谛，切实凝聚发展力量。全书各案例均值得细细品味，充分展现了协商之要、协商之诚、协商之道、协商之智、协商之美。

人民政协协商民主是马克思主义国家理论在中国的特殊实践，是全过程人民民主的特有形式和独特优势，是社会主义协商民主的重要构成部分。其理论内涵十分丰富，表现形式多种多样，皆源于中国特色社会主义伟大事业并为之服务。今天的中国正昂首阔步迈向社会主义现代化强国和中华民族伟大复兴的宏伟目标，人民政协协商民主的理论与实践也将不断深化和丰富。祝愿并相信杭州市上城区政协基层民主协商模式探索与创新之路越走越宽，为新发展阶段的人民政协协商民主理论与实践注入新的内涵，作出新的贡献。

刘学军

［中共中央党校（国家行政学院）科学社会主义教研部教授

全国政协参政议政人才库特聘专家］

前言

人民当家作主是社会主义民主政治的本质和核心，人民民主是社会主义的生命。社会主义协商民主是中国社会主义民主政治的特有形式和独特优势，是党的群众路线在政治领域的重要体现。党的十八大以来，以习近平同志为核心的党中央深化对民主政治发展规律的认识，提出全过程人民民主的重大理念，高度重视协商民主建设，先后出台《关于加强社会主义协商民主建设的意见》《关于加强人民政协协商民主建设的实施意见》，专门发布《中国共产党政治协商工作条例》党内法规，为社会主义政治文明发展提供根本遵循、注入强大动力。

人民政协作为统一战线的组织、多党合作和政治协商的机构、人民民主的重要实现形式，是社会主义协商民主的重要渠道和专门协商机构，是国家治理体系的重要组成部分，是具有中国特色的制度安排。区县政协开门是群众、出门是基层，具有大力发展基层协商民主的丰厚土壤和天然优势。党的十九大以来，我们以习近平总书记关于“在中国社会主义制度下，有事好商量、众人的事情由众人商量，找到全社会意愿和要求的最大公约数，是人民民主的真谛”的重要论述为源头坐标，率先开展“请你来协商 · 有事好商量”基层协商民主实践探索。

我们认为，“请你来协商”是深刻把握新时代人民政协新方位新使命，致力于更好发挥市县政协专门协商机构作用而搭建的专门协商平台，是建言资政和凝聚共识双向发力、扎实推进政协工作向基层延伸的重要载体，是激发委员履职活力，发挥委员主体作用，展现新时代人民政协新样子的重要窗口。根据省政协工作部署，区委专题召开政协工作会议，印发全省首个“请你来协商”工作意见《关于构建“有事好商量”协商机制 推进人民政协协商民主建设的实施意见》，全力支持推动这一基层协商民主的创新实践。

区政协紧紧围绕“协商有平台、选题有方向、运行有机制、落地有保障”工作思路，采取“固定＋移动”“集中＋分散”模式，创新构建独具特色的“1+N+X”协商平台体系，按照互联网思维、智能化标准设计打造“请你来协商”区级总平台，打通线上线下协商渠道，定期开展全区层面的专题协商。我们坚持“党政所需、群众所盼、政协所能”，切实加强与党政工作的主动衔接，聚焦党政中心大事、改革发展要事、民生改善实事、社会治理难事制定年度协商计划，并提交区委常委会研究审定。区委区政府主要领导主动点题并每年参加“请你来协商”专题协商会。我们按照“不建机构建机制”原则，建立健全开展调查研究、组织协商活动、报送协商成果、办理协商意见等工作程序和知情明政、协调落实、办理反馈等工作机制，有效串起“请你来协商”全流程履职链条。我们发挥政协协商式监督优势，会同党委政府督查部门联合交办、督办、考评，合力推动协商意见建议“落地生根”，确保“请你来协商”“有事商量好”。

时间记录下每一个难忘的历史瞬间，岁月铭刻出每一步坚实的奋进足迹。2018 年 7 月，区政协被确定为全省“请你来协商”

平台建设 6 个试点单位之一；2019 年 1 月，全国政协副主席张庆黎同志实地调研我区“请你来协商 · 有事好商量”区级总平台；2019 年 3 月，中共浙江省委专门印发《县（市、区）政协开展“请你来协商”平台建设工作的指导意见》；特别是 2019 年 10 月，中共中央政治局常委、全国政协主席汪洋同志，全国政协副主席夏宝龙同志亲临我区“请你来协商 · 有事好商量”区级总平台视察指导。汪洋主席在认真听取工作汇报、现场观摩我们的协商会后发表重要讲话，他说：“通过你们的实践，正在证明我们制度的优越性，你们的实践正在提高我们这个党、这个国家的现代治理能力，为你们所做的努力点个赞！”一年后又在我们的工作汇报信上批示肯定。

回顾 2018 年以来的实践历程，让我们倍感幸运和鼓舞的是全国政协对“请你来协商”工作充分肯定、高度评价，省、市、区各级党委对“请你来协商”工作高度重视、大力支持，省、市政协对“请你来协商”工作统筹谋划、持续推动，为我们主动守正创新、开拓进取，合力擦亮浙江“请你来协商”工作“金名片”注入了强劲动力、提供了坚实保障。

我们深刻体会到，坚持习近平新时代中国特色社会主义思想的科学指引和党的坚强领导是“请你来协商”工作的成事之基。特别是人民政协成立 70 周年之际，在党的历史上首次召开中央政协工作会议，习近平总书记在会上发表重要讲话，科学回答了人民政协事业的一系列重大理论和实践问题，为新时代加强和改进人民政协工作提供了根本遵循和科学指南。省、市、区各级党委始终牢记“习近平新时代中国特色社会主义思想重要萌发地”的政治责任，从奋力打造“新时代全面展示中国特色社会主义制度优越性的重要窗口”的政治高度，将“请你来协商”工作纳入

"重要窗口"建设大局部署推进，使之成为浙江省政协系统学习贯彻习近平总书记关于加强和改进人民政协工作重要思想的标志性实践成果。

我们深刻体会到，全国政协宏观指导引领和省政协精准顶层设计是"请你来协商"工作的成事之要。汪洋主席多次强调市县政协主要工作是协商、主要工作方式是搭台、工作主旨是双向发力，为基层政协找准职责定位、发挥优势作用指明了正确方向。省政协准确把握时势，将"请你来协商"作为推进市县政协工作高质量发展的重要引擎，时任省政协主席葛慧君同志从平台架构、协商组织、机制运行、文化赋能等方面系统指导推动，"请你来协商"由"花开三两朵"到"春色满园醉"，在浙江大地迸发出政协协商民主的蓬勃生机和独特魅力。

我们深刻体会到，"专"出特色和水平、"商"出质量和实效是"请你来协商"工作的成事之道。我们坚持开门协商、开放协商，将协商"圆桌"摆到"楼宇内""河道边""校园里""家门口"，营造"畅所欲言、各抒己见"的浓厚协商氛围。我们依托数字赋能积极探索网络议政、远程协商等新形式，让线上线下同频共振成为协商议事新常态。我们借助"三级联动""三年连同"等形式载体，在加强思想政治引领中广泛凝聚共识、汇聚合力，持续推动党委政府中心工作落实落地，使"请你来协商"成为政协履职管用、委员群众爱用、党委政府受用的协商平台。

本书旨在通过客观、真实还原我区"请你来协商"2018—2021年重点履职课题的协商场景、特色做法和工作成果，向长期以来关心、支持我区"请你来协商"工作的各级领导、各界朋友作一全面系统汇报并致以衷心的感谢！上城区政协将始终坚持"上"的标准，着力做强"商"的功能，不断深化加强和改进新时代市县政协工作的理论研究和实践探索，在奋力推进“两个先行”、加快建设独具韵味的国际化现代化共同富裕典范城区新征程中续写上城政协人的崭新篇章。

需要说明的是2021年4月，杭州部分行政区划优化调整，撤销上城区、江干区，以原上城区、江干区的行政区域（不含下沙、白杨街道）设立新的杭州市上城区。因此，我们的“请你来协商·有事好商量”也是一个从原上城、原江干到新上城的传承发展过程。文中涉及的领导职务均为时任职务，部门名称也为当时名称。因时间、能力所限，本书编辑过程中的疏漏和不足之处，恳请批评指正。

政协杭州市上城区委员会

二〇二二年六月

目录

试点先行新样本

实践探索新高度

扬帆起航新征程

试点先行新样本

“请你来协商”是人民政协作为专门协商机构最精准的功能定位，“有事好商量”更是政协协商民主最生动的表现形式、最深厚的文化底蕴、最本源的价值追求。2018 年 5 月，我们开启了“请你来协商 · 有事好商量”的实践探索。

将协商原点镌刻在为民初心上

"请你来协商"源自对"有事好商量"的深入思考和把握，植根于发展"全过程人民民主"的丰沃土壤，发端于协商于民、协商为民的不变初心。2018 年 5 月 22 日，"百千万"蹲点调研期间，我们落实市委、区委"访出实情、谈出感情、办好事情"的工作要求，聚焦截污纳管"关键小事"，组织召开首场"有事好商量"专题协商会，在百姓家门口正式开启了"请你来协商"的求索之路。

截污纳管"精细化" 让百姓生活"各畅其流"

机器噪音、路面扬尘等对我们日常起居影响很大，施工进度能不能尽量快一点？雨污管网深埋地下，施工隐蔽性高，质量如何保障？老旧小区道路狭窄、施工难度大，怎么确保施工安全？为解决截污纳管工程中这些群众关切的问题，区政协委员、居民代表、有关职能部门负责人、施工单位等齐聚一堂，共商对策。

盛国祥委员是区政协智库生态环境建设方面的专家委员，他建议根据小区实际情况，科学编制现场施工计划，合理安排施工人员，提前准备施工材料；施工场地不宜过大，尽量采用小型施工机械作业，同时加快施工进度，做一段

"'百千万'蹲点调研集众智 合力推进老旧小区截污纳管"专题协商会现场

清一段，减少工程对居民日常生活的影响。

张瑞旭委员为切实当好居民群众的"贴心人""知心人"，专门建立了委员工作室听取民声民意。在截污纳管工程施工过程中她更关心施工的精细化："我们的管网不是用一年两年，是要用几十年的，必须严把质量关。同时务必把施工图纸等工程档案资料妥善留存好，以方便往后的养护和修复，并专门设立资料收集员精心做好这项工作。"潘海平委员则对截污纳管的管线材质标准和接口提出了专业的建议："只有管线的材质和接口处的质量达标，才能保证不会污染地下水。"

安全问题大于天，如何确保工程安全，缪渭川委员提出了自己的见解，要通过密集监督检查、醒目设立警示装置、有奖举报安全隐患等方式，全力加强安全防范，打造平安工地。委员们还就弥补历史欠账"带一把"、扬尘噪音管控、应急预案制定演练、工程资金监管等问题提出了建设性意见建议。

是“良心工程”更是“民心工程”

商量的目的，不是做做样子，而是为了切实解决问题。参加协商的有关职能部门和施工单位积极回应，亮出改进举措。区城管局负责人表示，将认真采纳落实委员们的意见建议，明确建设主体和监督主体的相关职责、工作程序和奖惩规定，对进度落后、违规施工等情况进行通报，责令立即整改甚至取消参建资格。凯旋街道有关负责人表态，将公开投诉电话，畅通监督渠道；加强与有关各方的沟通协调，定期召开工程对接会，了解工程进度、分析存在问题、明确下步计划，确保有力有序有效推进。施工单位负责人承诺，一定高度负责地实施好截污纳管这项“良心工程”，安全施工、文明施工、精细施工，让老百姓放心满意。

区委常委、常务副区长王文硕对委员们提出的建议表达了感谢，她表示：

区政协主席黄爱芳作总结

“区政协搭建的这个协商平台，让我们真切感受到群众的所需所盼，委员们提出的意见建议精准有效，为区委区政府的后续工作推进提供了很好的思路和方案。相信在各方共同努力下，截污纳管这项‘良心工程’必定会成为‘舒心工程’‘民心工程’。”

“截污纳管工程建设问题是群众关心关切的‘关键小事’，对我们而言是必须为之的‘头等大事’。这次协商主题的选择可以说是接‘天’连‘地’，意义重大。”区政协主席黄爱芳表示，坚持履职为民的工作导向，以“有事好商量”为载体，沉下身子、深入一线，综合运用协商议政、课题调研、委员视察等方式精准聚焦民生实事，能够进一步增强政协服务群众的实效性、扩大政协为民办事的影响力，从而有力释放专门协商机构的潜能效能，充分彰显人民政协制度的优势效应。

成果效应

2018 年 7 月，全省启动“请你来协商”平台建设试点工作；同月，江干区[①]政协被确定为全省 6 个试点政协之一，在“有事好商量”基础上着力打造了“请你来协商”基层实践样本。本次协商会建言成果在总结提炼中形成“截污纳管 36 计”，区政协因此荣获杭州市“百千万”活动“调研之星”团体称号。各职能部门也相继把委员们的真知灼见落到实处，全区截污纳管工程如期完工，赢得了群众的满意好评。小事不“小”，事关民生。今后，区政协还将着眼垃圾分类、文化惠民、产业发展等更多的民生“要事”，共寻解题办法，为区委区政府推进改革发展、增进民生福祉贡献政协智慧力量。

---

① 2021 年 4 月，杭州部分区划优化调整，撤销上城区、江干区，以原上城区、江干区的行政区域（不含下沙、白杨街道）设立新的杭州市上城区。故本处所指为原江干区，后文同。

居者优其屋　请你留下来

本次专题协商会把协商“圆桌”摆到了蓝领公寓建设现场。在杭州市蓝领公寓筹建工作起步之际，让不同主体参与到现场协商中，在平等议事和互动交流中增强协商的开放度和匹配性，放大政协助力党委政府科学决策、民主决策的智力优势，是一次政协协商民主向基层延伸的有效探索。

主题背景

近年来，随着杭州全域城市化的深入，“城中村”改造快速推进，低收入外来务工人员和新就业大学生的房租负担逐年增加。在区政协五届二次会议上，由12名委员共同提出的“关于解决我区城中村拆迁后外来务工人员和新就业大学生住房问题的建议”等3个综合性提案，客观真实地反映了当前我区城中村改造大背景下新就业大学生和低收入外来务工人员“住房难”“留不住”的问题。区政协在前期深度调研的基础上，就房源筹建、基础配套、分配标准等问题建言献策，聚焦群众“急难愁盼”，生动诠释了政协为民履职的初心情怀。

蓝领公寓

协商场景

主题：民生提案一起办，协商共解住房难

时间：2018 年 6 月 15 日

地点：笕桥街道浜河社区蓝领公寓施工项目部

人员：区领导，区政协委员、区政协智库专家，有关部门，界别群众代表，新就业大学生代表，企业蓝领代表，用人企业负责人代表

城市蓝领和“夹心层”的租房困扰

“目前钱塘智慧城区域招人难和留人难问题日益凸显，其中流失的部分员工是因为住房成本过高而离开杭州。”

“我十分关注蓝领公寓的供需问题，所以连续两年向大会提交提案，希望蓝领公寓住宿需求与经济发展的矛盾能够得到更多关注。”

“我对 100 位青年伙伴发起问卷调查后发现，60% 的受访者表示因房租上涨过快的原因而导致生活压力过大，影响了在杭生活工作的幸福感和获得感。”

三位提案人代表开门见山点出了大学生和蓝领住房问题的痛难点，迅速点燃了会场的协商热度。

“‘夹心层’人群，即新就业大学生，普遍面临住房难问题。近年来各大城市‘人才争夺战’打得火热，我们杭州也要在市区两级人才公寓的建设分配方面多考虑新就业大学生群体的住房需求，才能留住更多人才。”聂世元委员的呼吁引起了与会人员的共鸣。

蔡祺委员建议：“要多途径多模式向市场推出符合不同类别大学生需求的房源，政府也可以通过适当的政策补助企业，对在企大学生发放房租补助。”

考虑到普通大学生既不属于蓝领公寓的申请范畴，也靠不上人才公寓的申请资格，赵庭尉委员提出建设新型“救急”公寓的想法，通过限定入住群体的学历、居住时限等，以短期低价方式向更多大学生开放租房申请，为新入职大学生更好地留杭工作发展提供可能。

面对委员们的提问和建言，提案主办单位区住建局表示：将从实际需求出发，加快区公共租赁用房、人才专项用房和新就业人群住房的建设，通过增加公租房市场供应和优化住房条件，来缓解各类人才来杭初期住房难问题。

区人社局针对新就业大学生住房保障问题作出回应：杭州市目前还没有针对大学生出台过专门的住房保障政策，根据现行政策无法覆盖普通大学生住房保障问题。因此，我区出台了衔接市级文件的人才公寓政策，普通大学生可通过企业申请配租名额。企业发展越好，对全区贡献越大，配租名额越多。

蓝领公寓的“留客之道”

“刚才实地看了样板房，我对入住蓝领公寓更加期待了，但我们最关注的问题是像这样的样板房，租金是多少？样板房里的东西在实际入住时候都会有吗？”蓝领公寓受益人代表甘长宏在期待中发出提问。

区住建局负责人接过话筒：“房间内部的配置一定会参照样板房标准配备齐全，房源租金不会高于周边同等地段同等居住水平出租房均价的 80%，确保蓝领公寓不但解决住的问题，还要住得舒适，请各位委员和蓝领工人们放心！”直接明确的答复得到了与会人员的点赞。

周兵委员进一步提出了明确管理主体、明确定价机制、综合考虑因素等三个想法，黄晓芹委员和赵庭尉委员分别围绕交通便利、生活便利、空间舒适、文化服务、日常管理等方面对蓝领公寓的建设标准建言献策。

10 余条有关蓝领公寓居住实际需求的建议，在现场就得到了两家公寓建设单位、区住建局、区文广新局、区总工会的采纳。

针对申请蓝领公寓企业最关心的资源分配问题，聂世元委员建议：“一方面要出台激励政策，鼓励社会化投资扩大蓝领公寓的租赁市场；另一方面要同时兼顾申请人就近和公平合理的原则，通过平衡税收贡献度和公开摇号的方式合理应对市场供需矛盾。”

黄晓芹委员提供了另一种思路：“建议探索积分制方式分配蓝领公寓，对申请企业存续年限、管理规范绩效、业绩贡献等综合评分，而非只是将企业规模、税收作为核定标准。”

在民主热烈的讨论氛围中，有关部门的工作思路得到了进一步拓展。

“这场协商活动提得好、答得好、氛围好，让我感受到了区政协发现真问题、真解决问题的实在作为。”副区长袁雁飞参加了本次活动，她表示，区政府会认真研究今天的协商成果，完善建设、分配和管理方案，让保障性住房惠及更多的创业者和奋斗者。

“今天，是第二期‘有事好商量’专题协商会。本次协商会也是一次综合性提案办理集体面商的形式创新，在 3 件综合性提案的基础上确立协商议题，以‘小切口’建言解决与老百姓利益密切相关的住房‘大问题’，蕴含着大格局、大视野、大情怀、大担当，充分体现了政协工作与党政工作同心同向、同频共振，充分体现了委员履职建言的高度、深度和温度。”区政协主席黄爱芳对此次协商会作总结。她表示，区政协也将继续高度关注我区蓝领公寓和人才公寓建设，主动担当、倾力支持，充分释放专门协商机构聚智献策、凝心聚力的工作效能，合力落实好今天的专题协商成果，让群众的获得感、幸福感更加充实，生活更有保障、更可持续。

成果效应

协商活动后，区住建局、区人社局等部门对协商活动中的12条意见建议进行了吸收采纳，进一步了解蓝领工人对房型、租金、功能等方面的需求，推动筹建福田居等5个蓝领公寓项目，协调落实了2139套房源的选址和落地工作，进一步完善了区人才公寓政策，并与《杭州市高层次人才住房保障实施意见》和《杭州市新引进应届高学历毕业生生活补贴发放实施意见》相衔接，确保人才公寓项目快速落地和运营。2018年底，区政协课题组受邀参加杭州市政府组织召开的征求意见座谈会，为《杭州市蓝领公寓（临时租赁住房）租赁管理办法》的制定出台提供了决策参考。本次协商活动被中国政协网、联谊报等诸多媒体报道，让更多人关注到不同社会群体的住房需求，为实现更高质量的住有所居、让更多的“追梦人”选择杭州甚至留在杭州贡献政协智慧和力量。

相约皋亭山下去

现代文人郁达夫曾留下“相约皋亭山下去，沿河好看进香船”的佳句。皋亭山承载着许多杭州城市发展与变迁的记忆，如何发挥皋亭山的文化资源优势，是区委区政府一直思考谋划的重要课题。2018 年，区政府点题“皋亭山景区区域的定位及发展方向的研究”，区政协组织专家智库、社会组织和文化名人成立课题组精深调研，于 10 月 25 日召开“以‘皋亭古埠’项目为引擎推进杭州新一轮运河文化经济建设”专题协商会议，为皋亭山发展献计献策。

重点提案里的文化地理学

“皋亭古埠”意为“皋亭山下的运河古码头、古村镇”。广义的“皋亭古埠”，涵盖拱墅、江干、余杭三区的皋亭山南坡和上塘河两岸，东西跨度约 9 公里；狭义的“皋亭古埠”为我区范围内规划的 5.1 平方公里的皋亭山景区、约 4.5 公里的上塘河（上塘河，曾称秦河、夹塘河、运盐河、江南河、浙西运河、上塘运河，是大运河中最古老的一段）区段，即上塘河北岸，西起“赤岸埠”，东至“金门埠”，北至观光车盘山道。建设“皋亭古埠”，既是全面贯

杭城“最古老的山”：皋亭山

彻浙江省第十四次党代会提出的“积极谋划我省大运河文化带建设，把大运河文化保护好、传承好、利用好”总体部署的重要内容，也是《大运河（浙江）文化带建设规划纲要》和“杭州大运河文化带建设五年行动计划”在我区的具体落实，更是杭州皋亭山区域发展的重要措施。

早在 2002 年，区委区政府就开始对皋亭山进行了历史文化考证和旅游资源普查，并同步编制了《杭州市江干区皋亭山旅游总体规划》《杭州市江干区皋亭单元控制性详细规划》等文件。2008 年，时任杭州市市长蔡奇就《皋亭山京杭古埠项目策划》作出过批示。2012 年，江干区抓住杭州“城市东扩”的战略机遇，成立皋亭山景区建设管理委员会，编制了《皋亭山景区旅游专项规划》，其中重要的内容之一就是复建“皋亭古埠项目”。

2018 年初，区政协五届二次会议上，民建江干区基层委员会和应群颖、熊辉伦等 4 名区政协委员联合提交的《关于“以‘皋亭古埠’项目为引擎推进杭州新一轮运河文化经济建设”的建议》被确定为重点提案，“皋亭古埠”建设重新进入人们的视野，皋亭山景区发展迎来“又一春”。

“文产景人”融合的皋亭韵味

皋亭山景区建设的方向在哪里？皋亭古埠该怎么建设？协商会上，委员、专家、部门各抒己见，畅谈发展，合力寻求发展“新途径”。

区政协课题组就前期调研情况作主题发言。在扼要介绍皋亭山景区开发建设背景与现状、综合分析皋亭山区域定位关联因素的基础上，课题组建议，以“大皋亭”理念、“文化+”思路、“产业化”路径，推进皋亭山区域“文产景人”四位一体融合发展。对接中国大运河文化带战略，规划建设“皋亭古埠”；以龙居寺项目为龙头建设形成禅文化交流中心，打造“禅境皋亭”；接轨湾区战略和之江文化产业带规划，布局建立“钱塘江流域传统工艺振兴基地”。

与会委员和专家纷纷围绕做优区域规划、挖掘传承与利用历史文化、科学布局产业、增强属地群众获得感等提出了意见建议。7 位委员和专家进一步建议，要着力做好上塘河沿线、皋亭山沿山村域历史文化遗产的发掘和保护；深入挖掘和阐发“皋亭古埠”蕴含的文化内涵和时代价值，讲好上塘运河故事；处理好政府、市场、市民的关系，因地制宜发展文旅经济、泛旅游产业，打开金山银山之通道。

各职能部门结合本单位工作职能和专业优势，从杭州北部旅游开发与江干旅游发展、上塘河（江干段）历史文化遗产保护、皋亭山景区发展目标及重点项目建设（皋亭山景）、“皋亭古埠”项目建设的总体构想、皋亭山区域开发建设的实践与思考、皋亭山景区建设与古村形态传承、开放式景区经营管理及盈利模式等方面出谋划策。

区委副书记、区长楼建忠对区政协给予区政府工作的大力支持表示感谢，对委员意见建议予以积极回应。他表示，下一步，区委区政府会切实运用好协商成果，在文化的挖掘与展示、环境的提升与整治、产业的清晰与落地等方面加大力度，高标准高质量推进皋亭山景区建设。

区政协主席黄爱芳指出，皋亭山不仅是江干的，也是杭州的。皋亭山景区建设不仅是产业发展，也是民生实事。要跳出皋亭看皋亭、跳出江干谋定位，开放分析、精心考量，借势借力、群策群力，串珠成链、提炼成章，更好推进“三生融合”深度发展，共同谱写皋亭山景区高质量建设新篇章。她表示，区政协将进一步加强与相关方面的沟通对接，再讨论、再完善，精心打磨，形成针对性、前瞻性、操作性强的建议案供党政决策参考。

成果效应

随着《关于“以‘皋亭古埠’项目为引擎推进杭州新一轮运河文化经济建设”的建议》重点提案的办理以及协商会的召开，皋亭山景区各项目建设步入了“快车道”。龙居寺一期项目加快开工建设，天鹤路景观提升工程全面完成“上改下”，景区配套的沿山石矿停车场、龙鹤路、沿山支路等建设项目前期工作有序推进。在此基础上，皋亭山景区区域定位也有了“新格局”，即在原规划定位基础上，提出“以生态观光与文化体验为基础，产、城、景完美融合的郊野休闲新高地，生态创新型总部示范区”的规划定位，进一步明确景区未来发展，皋城、沿山美丽乡村建设自此起步。

解锁钱塘江文化的发展密钥

“保护好、传承好、弘扬好钱塘江文化，是我们这一代人的共同责任。”这是区委区政府的决策部署，也是区政协围绕中心服务大局的靶向履职。本次协商是一次区委点题的专题议政性常委会协商，委员们在对钱塘江文化建设持续关注研究的基础上聚智献策，既助力了决策的科学民主，又推动了决策的部署落地，不仅体现了政协委员履职建言的高水平，更交出了一份两届政协人沉甸甸的“委员作业”。

钱塘江，最早见名于《山海经》，繁衍出丰富的文化内涵，并逐步形成独具韵味的钱塘江文化，也铸就了江干城区独特魅力的灵魂底蕴。伴随杭州从“西湖时代”迈入“钱塘江时代”，以江干区为代表的钱塘江流域，将被打造成为“中国样板、浙江实践、杭州经验”的标志性地区，是机遇，更是挑战。2012 年至 2018 年，两届区政协围绕挖掘与弘扬钱塘江文化工作开展持续性的走访调研、跟踪视察和专题研究。2018 年 11 月 12 日，区政协围绕“推进钱塘江文化品牌建设”召开专题议政性常委会，为提升钱塘江文化软实力贡献智慧和力量。

“钱塘江畔金江干”

一篇精彩纷呈的“文化札记”

协商会上，钱塘江文化“潮”头起。多名政协委员和专家学者围绕协商主题从不同角度建言资政。区政协课题组作主题发言，课题组认为，钱塘江文化品牌的立意应基于“大气开放、刚柔相济”的江潮文化特质，统一于“江干人文精神”和“铁军排头兵”；钱塘江文化品牌的格局要统筹于“拥江发展的战略、钱塘江湾区规划”。同时，针对钱塘江文化品牌建设助推湾区城市发展方面，课题组提出了四个结合的思路，即高站位决策与接地气部署结合、区域建设与综合保护结合、整体系统规划与重点项目落地结合、品牌建设与产业开发结合，以更高的站位、更远的视界、更宽的胸襟做好保护利用的工作，让遗存活起来、文脉串起来、精神立起来、江景美起来、产业兴起来。

委员们认为，钱塘江文化建设应融入时代，见诸生活。姚倩委员建议：“以杭州的城市发展为背景，以江干的‘涅槃’为主线，以‘弄潮儿精神’为风骨，创编钱塘江文化主题剧；以旅游产品的形式进入市场，以市场化运作，逐步形成以钱塘江文化主题剧为核心的演艺产业链。在文旅结合中让钱塘江文化插上飞跃的翅膀。”侯成哲委员则认为，钱塘江古海塘有大美而不言，必须要用国际表达讲好江干故事，让世界更懂得江干。龚真真委员关注到博物馆建设与文化传承的紧密关系，建议让规划建设中的古海塘遗址公园和钱塘江博物馆能够更多得到居民和游客的青睐，成为充分展示钱塘江文化的窗口，凸显其海塘和涌潮的文化力量。

与会的专家学者们则亮出了更为前瞻的观点。“不能以江论江，要从时间的延续、格局的变化、三江两岸整体流域来定位江干文化，注重山、水、人、文等多元文化的融合，统筹规划设计文化纵深发展的有机载体。”“城区文化品牌建设一定要把特色亮出来，确立重点培育方向，挖掘特有的、别人拿不走的东西。”“不仅要高大上，也要接地气，让文化融入民众生活才有生命力！”从重视静态到关注动态，从单体保护到融合展示，只有将文化传承与建设的使命交由群众共同守护，才能凝聚出最大合力。

一场提纲挈领的专题议政性常委会

区委书记滕勇率党政分管领导和 9 家职能部门的负责人到会听取意见，与委员们互动交流。“委员和专家的好建议好点子，我们要加强研究，尽快落实到工作中。钱塘江文化品牌建设是一项重大艰巨的课题，我们将继续以舍我其谁、时不我待的自信，拥江发展、全域推动的格局，厚植底蕴、提升能级的追求，两线并进、共建共享的坚定抓好钱塘江文化建设，不断提升钱塘江文化的美誉度、影响力。”滕勇书记回应。

“本次协商会是区里首场以专题议政性常委会会议形式组织召开的协商会，所有常务委员出席会议，因此协商的主题更具前瞻性、战略性。”区政协主席黄爱芳认为，协商会以推进钱塘江文化品牌建设为主题，在两届区政协持续关注、深入调研的基础上开展专题议政性协商，发挥了政协存史资政的文化优势，更彰显了政协凝聚共识的团结作用。本次协商活动的建言成果，将同时以政协建议案和常委会会议纪要的形式报送党委和政府及有关部门，这也是专题议政性常委会与专题协商会结合的分量所在。她表示，区政协将继续发挥建言资政和凝聚共识“双向发力”的优势作用，持续服务助推钱塘江文化品牌建设不断取得显著实效、结出丰盛硕果，共同擦亮“钱塘江文化看江干”的金字招牌。

成果效应

随着打造世界名城首善之区目标的不断推进，2017 年以来我区钱塘江文化建设取得了瞩目成效。钱塘江文化研究会成立，杭州海塘遗址博物馆规划落地，区非物质文化遗产中心建立，钱塘江音乐和舞蹈等形象塑造不断完善，钱塘江文化节（艺术节）系列活动有效开展，创办《钱塘江文化》月刊，发布《眺望钱塘江》论文集、《钱塘江文化智库要报》、《钱塘江流域文化产业发展潜力分析报告》等一系列研究成果，制定了《钱塘江文化建设中长期发展纲要》……在区政协持之以恒的助推下，一幅波澜壮阔、绚丽多彩的文化建设美好画卷，正在钱塘江畔徐徐展开。

守护一方碧水清流

“五水共治”是省委、省政府作出的重大决策部署。为持续助推河道治理，区政协连续四届举办“河长论坛”。2019 年，我区河道治理工作进入关键攻坚期，依托“请你来协商”平台，区政协把论坛搬到了省级“美丽河湖”丁兰街道西片区河道边，一边欣赏碧波荡漾的河道景观，一边畅谈河道治理的妙招良方。

主题背景

清澈的河水缓缓流淌，河道两旁栽满绿植，有人悠闲地散步，有人慢跑锻炼，有人打太极拳……以水为伴、亲水而居是理想生活的一种面貌。我区水系密布，是钱塘江和京杭大运河交汇的福地，有清泰水厂备用水源贴沙河流经，区内 62 条河道交织成网，水资源可谓得天独厚。随着大开发、大建设的开展，一些河道受到严重污染，2013 年辖区有 25 条劣Ⅴ类河道。2013 年底以来，按照省、市“五水共治”重大决策部署，我区全面打响治水攻坚战，全域打造家门口的美丽河道与一流水环境。2015 年，在全省首创“5+2”特色河长制，河道拥有了层次分明、权责明晰的责任人，30 条黑臭河稳定消除黑臭；2017 年，全面剿灭劣Ⅴ类河道；2018 年，全区 60% 河道水质稳定达到Ⅳ类及以上。河道不黑臭，这仅仅是万里长征迈出的第一步，实现人们所期盼的碧波荡漾、水清鱼跃的河道景象，仍然需

丁桥新城二号港

要社会各界人士坚持不懈的努力。2019 年 1 月 24 日，区政协围绕“共建美丽河道，共护一城碧水”举办“河长论坛”，聚智聚力推进“五水共治”。

治理经验大家谈

这是一场关于共建共治、纵深推进系统治水的深刻对话，这是一场关于共管共享、深入推进长效护水经验的交流分享。在省级“美丽河湖”丁兰西片区河道畔，治水专家、区政协委员、各级河长、市民代表和有关部门及街道负责人围绕“水清岸绿，共建美丽河道”“全民参与，共护一城碧水”主题，谈感受学经验、找问题寻根源、提建议补短板。

2018 年，丁兰西片区河道（丁桥新城二号港、大农港、同协河、五会港）被评为省级“美丽河湖”。论坛上，丁兰街道相关负责人介绍了丁兰创建“美丽河湖”的经验。一是以健全框架标准为先导，科学优化治河方案，推行“一体化”治水模式，综合实施“截、通、清、建、治、配、绿、管”八大治水工程；

二是以形成长效机制为目标，不断强化治理手段，采用“多相微滤＋曝气装置＋水下森林＋生物操控＋生态浮岛”等生态深度治理技术，精准改善河道水质；三是以发动全民共治为核心，切实打响治水品牌，以“古文化＋新景观”打造特色河岸风光，以“河长制＋责任制”构筑密集治水防线，以“机构＋群众”形成全面共治格局。

“5+2”特色河长制是我区一大治水品牌，随着河长制逐步深化，河道治理实现了从单独作战转变为综合治理、从阶段性突击转变为常态化监管、从松散型管理转变为网格化管理，“5+2”逐渐向“5+X”拓展，X 的含义也越来越丰富——包括城管执法队员、护河志愿者、中小学生等等。会上，四季青街道分享了河长制工作的探索与实践。“我们夯实河长团队，街道流经的六条河段均组建了由街道河长领衔的‘5+X’河长团队。”四季青街道相关负责人说。为了完善长效监督，一方面推广使用巡河 APP，督促社区河长每日巡、每日报，并形成街道河长周报，及时向区河长办汇报，另一方面做好管理全面覆盖，构建“河长巡查—分类处置—社区属地管理、执法支撑—对问题处置情况进行回头看”的监管体系。为了强化社会共同参与，建立河道文明劝导队并纳入河长团队，与沿河单位共建“同心圆”，畅通有奖举报机制，鼓励河道观察员、沿河居民等积极监督，齐心协力维护河道卫生与水质。

让水更清、岸更绿、景更美

各级河长是河长制的核心，日益趋好的水质背后是一名名亲临一线、身体力行的河长。怎么进一步发挥河长作用，管好每一条河？民间河长和市民代表从不同角度谈了自己的观点。

丁桥二号港民间河长张海清是一位“无声河长”，因手术无法开口讲话的他没有停下巡河的步伐，带领学生志愿者参加巡河次数已超百次，他用写字板分享了如何培育年轻的“河小二”参与爱河护水的做法。

新凯苑党员先锋护河队队长、贴沙河民间河长徐慧芬，围绕“发挥党员

丁兰民间河长张海清（右二）受聘成为浙江省“亲水大使”

先锋模范作用，默默奉献在治水一线”谈了看法。机场港（笕桥段）民间河长赵芳丽针对发挥民间志愿力量进行交流。市民代表朱权从日常生活出发谈“家门口”河道提升的空间。

聚焦“实行智慧管理、提高治水能效”，政协智库成员沈来兴建议大力推广智能化设备，通过大数据分析技术和报警系统对水域实行全面监控，从而让河道垃圾漂浮物得到及时清理，提高治水能效。

2017 年中国首个河长学院在浙江水利水电学院揭牌成立，朱振宇委员作为该校教授，重点关注河长培训，建议开展各级河长的分段式集中培训，让治水经验得到系统化、流程化、理论化的梳理，提高河长的综合能力。

围绕“动员社会参与、形成共治格局”，张智利委员说：“众人治河才能让河道清水长流，要广泛动员社会力量参与河道治理，比如可以鼓励孩子们参与巡河护河志愿活动和治水护水知识宣传。”

区智库首席治水专家、省水利河口研究院专职副总工、教授级高工叶碎高，市区河道监管中心副主任王春华和市治水办（河长办）主任助理陈天力分别对河长建议、政协委员发言给予点评，结合我区实际情况，提出了兼具科学性和操作性的工作建议，为我区未来河道治理工作指明方向。

叶碎高说："岸上的东西非常容易进入河湖，而河湖只能照单全收，所以水环境非常脆弱，稍一松懈，就会反弹。需要发挥政府和市场的协同作用，构建系统的治理和保护体系，更需要全民参与、持续关注，共建共享、共同守护美丽河湖。"

副区长、区治水办（河长办）主任史建峰强调，2019 年我区治水将始终坚持一流标准、一流状态、一流服务，以更高标准建设"美丽河道"，更强力度建设"污水零直排区"，更高质量提升河道水质，更高指数提升群众满意度，全力打造"颜值美与韵味美并举、软件好与硬件好并重、建设强与管理强并驱"的治水新格局。

"这是我们举办'河长论坛'的第四个年头，四谈治水，每次都有新收获。经验分享干货满满，协商氛围轻松自然，意见建议务实管用，我们离以水为伴、亲水而居的理想生活也越来越近。"区政协副主席黄国兴回顾了区政协持续助推水环境治理有关工作："近年来，我们始终坚持'绿水青山就是金山银山'的生态发展理念，组织对口协商，为长效治水建诤言；组织现场视察，为水质优化献实策；组织专题调研，为生态环境保护发展寻方向；组织多级联动，为河长制度有效实施作交流。"黄国兴副主席倡导全体政协委员在政协舞台上继续为"五水共治"履职尽责，发挥好专业特长参与治水，发挥好影响力宣传治水，继续为党委、政府推进"五水共治"工作提供助力。

成果效应

自 2015 年起，区政协将"河长论坛"打造成为助推河道治理的一大品牌，在全体政协委员、各级河长及社会各界的共同努力下，我区治水工作取得了一系列成绩：截至 2021 年底，先后三次获得全省治水"大禹鼎"；全区实现了市控以上断面监测Ⅲ类以上占比 100%，Ⅳ类水质比例达 85.1%；建成省级"美丽河湖"7 处、24 条；群众满意度和生态获得感逐年上升，实现了水岸颜值和群众口碑的“双丰收”。

本届“河长论坛”上，委员们和各级河长提出了一系列治水“金点子”，得到了区政府及相关职能部门的高度重视和采纳落实。通过清水排涝指挥系统建设，实现了区域河道及管网管理的数字化、信息化；依托浙江河（湖）长学院优势加强各级河长培训，增强河长履职能力；依托“三大治水体验线”和“五大治水体验基地”，分众化举办互动类、体验类、竞赛类等接地气、参与度高的活动，营造了共建共治共管共享的治水新格局。

民生实事必须问计于民

民之所盼，政之所向，区政协坚持用议事“小场景”助力民生“大幸福”。协商会当天，全国政协副主席张庆黎实地视察我区“请你来协商”区级总平台，在视频连线协商会现场后，以“商量得真，商量得实，商量得细，商量得好”对协商会给予充分肯定。

主题背景

2019 年，凯旋街道计划重点做好 5 件为民办实事项目，前期已通过“周三访谈夜”活动、社区居民代表大会以及微信、微博发布，向居民征求了 2019 年街道为民办实事项目，共收集到富有针对性和建设性的意见建议 2000 余条。随后召开专题会议研究论证，按照全局性、普惠性、可行性等原则，初步筛选 8 个方面的民生实事项目，涵盖就业创业、养老服务、医疗服务、文体惠民、美丽街区等大家关切的民生问题。

协商场景

主题： 2019 年度凯旋街道民生实事项目大家议

时间： 2019 年 1 月 25 日

地点：凯旋街道党群服务中心

人员：全国政协领导，省、市、区领导，区政协智库专家，凯旋街道委员小组全体委员，区卫健局、区人社局、区教育局、区民政局、区商务局、区市场监管局、区文广新局、区城管局、凯旋街道负责人，社区、同心圆单位、居民代表，区政协办负责人

从“为民做主”到“由民做主”

实事不实事，群众来评判。为了把民生实事做细做实，努力向广大群众交一份满意答卷，凯旋街道依托区政协“请你来协商 · 有事好商量”平台，围绕 2019 年度街道民生实事初选项目开展专题协商，听民声、聚民意、商民事、汇民心。

“要想身体好，最好的办法就是健身。”正在发言的，是南肖埠社区的居民蒋彩婷。“从另一种角度来讲，一个健身苑，不仅是健身的地方，也是居民交流的平台，无论是对提高居民凝聚力，还是推动社区建设，都将起很大

“2019 年度凯旋街道民生实事项目大家议”专题协商会现场

作用。我赞成！”

南肖埠社区书记梁旭珍表示，全民健身设施提升很有必要，改善社区体育活动“硬件”设施，同时完善与“硬件”设施配套的“软件”，能够改善社区居民群众的生活、交流、健身环境，拓展社区文化体育阵地资源。

“我在进行行业研究和实地调研中发现，居民的健康需求越来越多。”民情观察团成员、街道小组政协委员黄晓琴表示。“体育资源日益短缺，而居民群众对体育需求是多样化的，建议政府做好规划和布局、加大资金投入力度，使用好现有场馆的资源，提升使用率，也希望体育场馆建设速度能加快。”

协商会现场，区政协智库专家、政协委员，社区、居民代表，同心圆单位代表，相关职能部门、凯旋街道的负责人齐聚一堂，组成实事提议、民情观察、民主协商、专业论证等团队，围绕社区服务配套用房“两化”提升、凯旋实验幼儿园提升、华家池农贸市场建设、景芳二区环境提升、全民健身设施提升、“乐业凯旋”、“暖心凯旋”立体帮扶、街道医养结合平台建设等八大民生实事项目工程，畅所欲言、协商监督、建言献策、打分投票，力求更好推进新一年度民生实事项目开展。

针对社区服务配套用房“两化”提升工程，张瑞旭委员提出：“要整合现有房屋资源进行统筹管理，满足居民多样化的需求。”俞鑫红委员建议华家池农贸市场建设过程中要设置运营主体准入门槛，并有两个条件：一是市场经营方要具有工商注册的法人主体；二是有 3 年以上市场管理经验，且具有良好信用。叶碎高委员呼吁关注凯旋实验幼儿园提升工程中的安全问题和环境问题。对于景芳二区环境提升项目，有两位与会人员提出了不同的思路，王芝芬委员提议“要从方案设计、施工管理、指导养护三块进行研究”，景昙社区主任周婷则是建议“加强项目落地监管，切实提升社区整体环境”。

民生实事 重点在“实”

针对群众的提问和委员的建议，区相关职能部门也一一论证，让民生实事更“实”。

在全民健身设施提升方面，区文广旅体局负责人表示，一是要充分征求辖区老百姓意见，二是项目设计上多考虑场地设置的多功能属性，比如门球场可以结合篮球场、笼式足球等，由单一的功能需求场地向多功能需求场地发展。

“今年以来，凯旋街道通过整合、置换、腾空、改建等方式，加快‘两化’建设，除了位于南肖埠的全区首家多功能社区服务综合体，还有全区首条公益文化街区凯益荟。这些，都是‘两化’建设中很好的探索。我对 2019 年凯旋的工作充满期待！”区民政局负责人对社区服务配套用房“两化”提升工程表达了期待之情。

在华家池农贸市场建设工程上，区市场监管局给大家吃了一颗“定心丸”：“我们会加大对新运行农贸市场的监管力度，加大食品卫生监管。市场主办方要督促经营户按规定办理相关证照，做好蔬菜农药残留检测工作及索证索票工作，切实把百姓关心的实事办好。”

“过去几年，凯旋街道在关爱老年人、残疾人等特殊群体方面持续努力，希望能够一如既往，做好三件事。”区民政局负责人围绕“暖心凯旋”立体帮扶工程交流看法：“一是落实关爱机制，二是丰富活动形式，三是搭建载体平台。让‘公益大学’这样的好模式从‘盆景’转变成为‘风景’，让更多人关注、接纳特殊人群，在他们努力融入社会的过程中，号召社会给予特殊人群更多的机会和支持。”

“乐业凯旋”工程是区人社局关注的重点，区人社局表示：“就业工作是一项长期的、持续性的工作，希望凯旋街道能一如既往，继续做深做细这项工作，使凯旋地区的居民能安居乐业。”

区卫健局也对街道医养结合平台建设作出论证:“一是在探索以社区卫生服务中心和辖区其他医疗机构作为医疗服务主体上下功夫;二是整合街道、民政等部门在开展生活养老上下功夫;三是在建立社区层面的医养结合专业服务体系上下功夫,这样不仅可以将医护服务辐射到家庭,还可提供转诊服务。”

区政协副主席杨渭贤为本次协商活动作总结:“民生无小事,枝叶总关情,民生实事项目都是居民关心的热点。群众关心的就是我们政协关注的,今天我们齐聚一堂,对这些民生实事项目进行协商论证,件件都很接地气,样样都与大家的切身利益息息相关。通过项目介绍、互动建言、专业解答和论证评估,将群众最关心的问题摆出来,将解决的意见提出来,将可行的办法议出来。下一步,区政协将继续把增进民生福祉作为履职之本,持续关注民生领域改革工作,落实民生实事‘党领导、群众提、政协议、人大定、政府干’工作机制,坚持协商于决策之前和决策实施之中,推动民生实事‘政协议’工作更加制度化、规范化、程序化,营造全社会协同推进民生实事落实落地的良好氛围。”

成果效应

在政协委员、群众代表以及相关职能部门的群策群力下,8 个入围 2019 年度凯旋街道民生实事的项目备受肯定,高票获选,并将在凯旋街道召开的第一届居民议事会上接受街道人大代表票决。此次专题协商会聚焦民情民意的真实反映,有力推动了基层民主政治建设与治理创新,为全面凝聚共识、画出最大同心圆、积极推进凯旋街道 2019 年各项民生实事项目明确了方向。作为凯旋属地政府责任主体,凯旋街道在充分听取、吸收此次商议各方意见建议的基础上,严抓民生实事项目落地。按照各项项目标准,抓进度、抓质量、抓安全、抓保障,确保各项民生实事项目圆满完成,切实把民生实事办到群众心坎上。

建设地下综合管廊
和“马路拉链”说再见

地下综合管廊是一项综合性、系统性、前瞻性很强的城市基础设施，是城市长远健康发展的必然要求。区政协以主席（扩大）会议形式开展协商，实地踏勘德胜路地下综合管廊工程，为进一步规划好、建设好、保障好地下综合管廊出谋划策，推动筑牢市政基础设施的“里子”，撑起城市发展的“面子”。

主题背景

随着杭州城市发展，城市管线种类、数量逐步增多，城市道路因管线新建、改建、维护而被开挖的频率增加，严重影响道路通畅，反复开挖的“拉链马路”问题日益凸显。地下综合管廊建设为这一城市顽疾提供了破解之道。作为城市的“地下管线之家”，地下综合管廊是用于集中敷设电力、通信、燃气、供水等多种管线的公共隧道，各类管线被整齐地埋设在一起，有利于管线的运营、维护、管理，防止外力破坏地下管线，也可以避免管线渗漏造成的道路塌陷问题，降低挖掘道路对交通和居民出行造成的影响和干扰，增加地下雨水收集空间、提升城市防内涝水平，集约利用空间资源、提高城市综合承载能力。1999 年，浙江省第一条城市地下综合管廊——城站广场综合管廊完成建设，其后钱江新城综合管廊、西溪天堂综合管廊相继竣工投入使用。2016 年，杭州成功入选全国第二批地下综合管廊试点城市。2019 年，杭州共有九个地下综合管廊项目在建，建设总规模 64.36 公里，总投资 88.12 亿元。在我区范围内共有四个项目建设实施，其中三个为国家第二批地下综合管廊试点项目。在建设主体和各个部门、属地街道的共同努力下，我区地下综合管廊建设取得了“设计理念先进、技术亮点较多、运管综合性强”的建设成果，同时也面临“建设投入大、协调任务重、效益显现慢”等问题。

协商场景

主题： 地下综合管廊建设工作

时间： 2019 年 4 月 29 日

地点： 德胜路管廊施工项目部

人员： 区领导，区政协秘书长，部分区政协委员，区有关部门负责人，市城投集团及项目方代表

让城市管线居有定所

地下综合管廊就是建设一处“集体宿舍”，把原本埋在底下的电力、通信、燃气、供水等多种管线全都搬进去。如果想要检修，只需要打开“宿舍门”，从人行入口进入地下管廊，不需撬开地面进行检修。这能够确保各类管线的稳定安全，更有效地利用城市地下空间，减少工程管线维修费用。

2019 年，在我区范围内共有德胜路、艮山路、沿江大道、备塘路四个综合管廊项目建设实施，其中德胜路、艮山路、沿江大道综合管廊为国家第二批地下综合管廊试点项目。这四个综合管廊项目由市城投集团、市钱投集团负责建设，我区主要配合两个市级主体做好保障工作，为管廊建设保驾护航。

地下综合管廊究竟长什么样呢？区政协组织委员们到德胜路地下综合管廊里走了一趟。德胜路地下综合管廊工程西起东宁路，东至九环路，全长 5.367

公里，布置在德胜路南侧绿化带内，投资约 9.88 亿元，设计有三个舱，相当于三个房间，从左至右分别是燃气舱、水信舱和电力舱。区政协委员通过实地察看，了解其设计理念、工程概况及工期进度，探究综合管廊"管、养、护"及营运方式，全方位感受综合管廊建设的重要意义。

会上，区住建局负责人介绍了我区地下综合管廊建设工作情况。"在项目实施过程中，采取市区多主体协商、借势借力征地拆迁、集中力量攻坚破难、部门联动保驾护航等举措，有力地保障了综合管廊建设，也呈现出一些值得肯定和推广的特点。"区住建局负责人说。具体而言，项目建设过程中大力推行新技术、新材料、新工艺、新设备，运用关键节点施工方案模拟、设计图纸信息集成、全寿命管理等功能。艮山管廊工程在建设过程中结合"海绵城市"理念，利用内部空间增强城市蓄排水能力，是我市唯一设置雨水舱的综合管廊。

"地下综合管廊建设工作"专题协商会现场

打通城市运行“大动脉”

我区地下综合管廊建设工作取得成就的同时，“建设投入大、协调任务重、效益显现慢”等挑战也越发显现，亟待进一步研究谋划。区政协委员围绕提高认识、规划设计、保障服务、运营维护等方面提出建议。

从提高认识的角度出发，张新华委员认为地下综合管廊是一项长期的民生工程，要用长远的眼光来看待，不能仅仅追求短期内的固定资产投资和基础设施完善，还要从提升政府治理能力、促进区域经济社会高质量发展的高度认真对待这项工作。

“要以地下管廊和城市发展相匹配、相衔接为导向，找准投资成本和建设效益的平衡点，进一步完善地下管廊规划设计。”瞿伟委员着眼于统筹规划谈了自己的看法。

聚焦综合管廊建设的保障服务，王雁委员基于“目前这四条综合管廊均由市级建设主体建设，我区是直接受益者”的现实，建议有关部门从各个角度全面做好保障服务，配合好建设主体，加强对接沟通，分解任务，落实责任，提升工作效率和建设单位满意度。

地下综合管廊“不仅要‘建好’，更要‘管好’”，汪孟华委员关注后续运营维护问题，建议项目建成后要充分调动管线单位入廊的积极性，合理制定收费标准和支付办法，及时明确设施运行维护管理主体、权责范围，完善相关运维标准，落实养护经费，建立专业化维护队伍，为综合管廊系统化运行提供有力保障。

区住建局、市城投集团及项目方代表作交流发言，表示将结合城市化快速推进，统筹规划布局，着力构建新城区管廊联网成片、老城区支线管廊自成区域小循环的良好格局。

副区长王跃强表示将认真梳理、积极吸纳委员们的意见建议，进一步找差距、补短板，抓好抓实各项工作，切实发挥地下综合管廊作用，逐步完善城市功能体系，不断提升群众获得感和满意度。

区政协主席黄爱芳总结道："地下综合管廊建设是新兴的城市基础设施建设项目，作为国家试点城市，杭州的这项工作走在了全国的前列。今年我区范围内有四个综合管廊项目建设实施，目标明确、任务重大。今天，我们实地视察了德胜路地下综合管廊建设进展情况，感觉非常震撼，管廊建设单位既做实了城市基础设施建设的大事，也做好了'功在当代、利在千秋'的好事。下一步，要着眼打基础、利长远，充分认识地下综合管廊建设的重要意义；着眼强保障、优协调，更好发挥属地在地下综合管廊建设中的积极作用；着眼强运营、优管理，主动谋划好地下综合管廊建设'下半篇文章'。区政协将继续关注这项工作，为进一步打通城市地下'脉络'、畅通城市'血液'循环集智聚力。"

成果效应

这次协商会召开以后，区住建局、区城管局、区交警大队等部门结合协商会有关要求，根据各管廊项目的总体建设计划安排，主动作为，切实做好各项保障工作，与市城投集团、市钱投集团、市委督导组共同形成多层面协调机制，及时解决项目推进过程中遇到的各类问题。针对管廊施工涉及沿线企业的辅房、围墙退让或拆除问题，与建设主体、征迁主体积极对接，挂图制订方案计划，保障工程顺利实施。2019 年 10 月，德胜路、艮山东路、沿江大道地下综合管廊工程正式投运；备塘路地下综合管廊（自来水供水管道维修改造工程）于 2021 年 12 月投运；备塘路（艮山西路—昙花庵路）综合管廊一期工程于 2019 年 12 月电力舱通电运营，二期工程主体结构于 2022 年 6 月完工。其中，德胜、艮山管廊建设还与高压电力"上改下"工作相结合，可以有效减少架空线路，使地下空间得到集约利用。

再造一个新望江

杭港（望江）高端服务业示范区地处南宋皇城根边，毗邻钱江新城，为杭州的国际高端服务业发展提供了广阔腹地，是连接“西湖时代”向“拥江时代”发展的主轴通道。区委区政府明确提出用 10 年左右时间“再造一个新望江”，区政协根据区委区政府部署，围绕杭港（望江）高端服务业示范区建设召开协商会。

主题背景

老话说“望江门外菜担儿”，充满着老杭州浓浓的烟火气，而如今的望江是融入“大湾区”建设和“拥江发展”的重大战略高地。2018 年以来，区委区政府根据上级精神，围绕建设一流的国际化现代化城区，科学谋划，主动对接，全面启动杭港（望江）高端服务业示范区建设。区委区政府坚持产城融合的理念，对 9.5 平方公里（核心 3.6 平方公里）的区域进行了超前规划，力争用 10 年左右的时间，把示范区建设成为“一带一路”合作交流新客厅、长三角对外开放新枢纽、浙江未来社区新样板、杭州国际发展新窗口。2019 年 5 月 20 日，区政协召开“杭港（望江）高端服务业示范区建设协商会”，组织政协委员、有关部门和专家为助推杭港示范区扬帆起航出谋划策。

杭港（望江）高端服务业示范区建设协商会现场

勾勒示范区的“四梁八柱”

“我们望江要变成市中心最热闹的地方之一啦！”“这里会成为有好教育、好医疗、好环境的地方。”“相信不久的将来，望江也会变成香港中环和上海陆家嘴那样国际范的地方。”市民代表对望江区块未来前景的展望，点燃了与会者的热情。

“目前示范区正处于规划初步形成的关键节点，请各位委员、专家就示范区在长三角发展一体化、大湾区建设、拥江发展的大背景下，如何更好地应对挑战、把握机遇建言献策。”区政协主席占仁义言简意赅地指出了本次协商会的目的。

前期，区政协副主席俞朔带队就示范区建设进行了专题调研。他代表课题组发言，提出了“强化机遇意识，制定示范区建设三年行动计划”“借力香港创新科技和金融优势，积极招引百强企业，增强经济密度和强度”“加

杭港（望江）高端服务业示范区效果图（图片来源：上城区城市建设投资集团有限公司）

大与香港的合作力度，促进人才、资金、项目的互联互通”“紧抓 5G 时代契机，将‘5G 之芯’植入公共服务”四个方面的具体建议。

区政协副主席马彦随后补充道，示范区建设要做到“思维跟进、服务灵活、政策落地”。

来自杭州市建筑设计研究院的蒋骥委员也有同感：“要创新示范区的功能定位、内涵特色和政策落地。”

在着力打通交通节点的问题上，大家提出了非常细致的设想：首先打通西湖大道与城站东广场的交通节点，加快推进城站东通道、海潮路东西沿线 T 字形核心区块开发，集中打造示范区独特的视觉景观地标。同时要强化交通衔接设计，重点推进地铁 7 号线、地铁 1 号线与城站之间形成整体性有机衔接。

丰盈示范区的精神内涵

会上委员们各抒己见，畅想未来的杭港（望江）高端服务业示范区。民生项目总是能得到最多认同："希望在示范区人才集中区域设置国际医疗中心、保健中心、K9杭港国际学校、高品质建设人才公寓。按照国际性商务总部建设要求，加大停车场（库）、物业配套等民生设施建设力度。"

示范区俯临钱塘江，内有望江门，古代建有海潮寺、映江楼、瞰江亭、观潮楼等名胜古迹，是祭祀海神龙王之地，也是海上丝绸之路的浙江站点。"要讲好上城故事、传承历史文化，唤醒沉睡的记忆，让示范区建设的产业链与文化链深深融合。"区政协副主席陈少华如此建议。

区政协副主席周常生建议，重视教育资源的多方引入。

毛时法委员以高级会计师的专业眼光，提出了建立多渠道资金池、引入专业机构、红筹架构下内地母公司落地等建议。

麻侃委员建议，探索推进5G等新一代宽带网络建设，融合智慧、生态、人本的发展理念，积极申报浙江省未来社区建设试点，打造浙江省未来社区的国际化样板区。

专家代表、杭州市城市规划设计研究院副总规划师吴伟进提议，在示范区建设中打造全球领先的数据交易平台，打造城市轴心，借力5G时代做好征信、医疗、教育等方面的提质升级。

区委常委、统战部部长来剑波说："推进杭港（望江）高端服务业示范区建设中要激活尘封历史文化，补足生活配套设施，积极谋划杭港驿站。"

区委书记陈瑾表示，专家和委员们提出的建议具有前瞻性和针对性，为优化完善杭港（望江）高端服务业示范区规划提供了非常有益的参考和建议，将补充到即将上报市委、市政府的《杭港（望江）高端服务业示范区实施方案》中。陈瑾书记也对区政协的"请你来协商"寄予了厚望，指出要高点站位，打造具有上城特色的协商平台，各部门和街道完善机制，确保将各项协商活动落到实处，助推上城经济社会高质量发展。

区政协主席占仁义总结：“我们选择当前全区经济发展最重要的着力点——杭港（望江）高端服务业示范区作为本场协商的议题，切实做到了助力助在关键点。前期，我们在充分调研、吃透政策的基础上，课题组还专门走访了望江地区的企业、学校、居民等各个层面的代表，听取他们的愿景，让我们更加‘议’有方向。接下来，我们要一以贯之地做好‘请你来协商’工作，更加聚焦中心，更加凸显质量，更加注重成效，更加双向发力，在提升‘言值’中体现政协价值。”

成果效应

协商会后，示范区的规划建设采纳了“采用智慧立体城市的开发模式”“多方引入文化、教育资源”“打造杭城‘未来社区’国际化样板”等建议。经过近两年的周密部署和推进，2020 年 3 月，上城区举行重大项目集中开工暨杭港高端服务业示范区未来社区（杭州新世界项目）奠基仪式，正式扬帆起航。杭州新世界项目、始版桥未来社区 9 号地块（汽车南站）安置房、娃哈哈人才公共租赁房、橡胶厂地块安置房、近江金融大厦、杭州金地中心、复兴路提升改造等项目陆续开工。

守牢消防安全“生命线”

> 消防安全事关群众的幸福安康和社会的长治久安，区政协围绕党政所需、群众所盼，发挥政协协商式监督优势，组织委员对全区消防安全工作进行了历时 4 个月的“深度体检”。并以重点提案办理为切入点，组织专题协商，助推各项消防安全措施落实落细，成为党政“点题”、政协“解题”的一次生动实践。

主题背景

随着城市化的快速推进，我区消防安全工作面临诸多新情况。全区高层建筑较多，存在高层住宅小区的消防设施失灵现象；老旧小区在基础设施建设、环境整治、火灾防控等各个方面居于劣势，消防安全隐患更为突出；全区拥有 40 多家市场，其中位于采荷街道的四季青服装市场区域，在不到 1.2 公里长的杭海路两侧就分布有 24 家市场，消防设施、电气线路等设施设备陈旧等问题较为突出。高层住宅、老旧小区、专业市场等重点场所的消防安全问题已成为群众关心、政府关切、委员关注的热点议题。

区政协五届三次会议期间，闸弄口街道委员小组向大会提交了《关于进一步强化消防安全系统性建设的建议》提案，被列为年度重点提案，由区委常委、常务副区长王文硕领办。围绕该提案，区政协组织委员们对全区消防安全工作进

课题组在四季青服装市场
开展前期调研

行了历时 4 个月的深度调研，走访闸弄口街道、凯旋街道、采荷街道和区消防大队；召开 4 场座谈会，详尽了解我区高层住宅、老旧小区和专业市场存在的消防安全隐患；收集各类调研材料 20 余份，整理出各方意见建议百余条。2019 年 5 月 31 日，区政协围绕"民生提案一起办，消防安全大家谈"主题，组织召开专题协商会，助力破解消防难题。

消防问题如何解、怎么破

"高层住宅消防设施失灵，如果发生火灾该怎么办？""老旧小区存在消防通道不畅问题，如何破解？""各类专业市场人员密集，怎么确保消防安全？"……从高层住宅到老旧小区再到专业市场，打开话匣子的委员们不落死角、各抒己见，围绕消防安全问题提出了很多"金点子"。

"全区高层建筑消防设施故障率达到 21%，必须引起相关部门的高度重视。"金颖颖委员一针见血点出高层建筑消防安全问题症结。话音刚落，尹兆青委员手握话筒发言支招儿："一方面，要强化消防部门的专业支撑，指导街道、社区摸清病症、对症下药；另一方面，强化房管部门的政策支撑，在资金落实、项目实施、监管验收等各个环节，开辟绿色通道，推动特事特办。”对于消防设施设备维修申请物业维修资金程序多、时间长、难度大问题，政协智库专家刘相玉委员建议：“可通过特殊维修程序来申请使用物业专项维修资金，确保消防设施设备的正常运行。”如何避免消控设施陷入“瘫痪—改造维修—再瘫痪—再改造维修”的恶性循环？郑君辉委员和俞鑫红委员分别围绕责任和机制两方面谈了想法：一要明确责任，确保房屋建设方、物业管理方以及部门、街道、社区等各司其职；二要健全机制，完善常态化的养护机制、演练机制、监管机制。

“老旧小区幢间道路宽度有限，消防车七弯八绕也进不来。”基层党员代表蒋彩庭直言，老旧小区消防通道不畅问题让她“很着急”。针对这一问题，两位政协委员提出了不同的解决思路。盛国祥委员建议，可在征求居民意见的基础上，对消防通道进行拓宽，同时提升老旧小区的绿化品位，用立体绿化、屋顶绿化等形式补全绿化面积。朱瑾委员从执法管理的角度出发，认为交通执法要延伸到社区，建议相应执法部门对老旧小区违规停车行为进行执法，从而解决消防车道占用、堵塞情况严重的问题。

飞线充电、楼道堆积物等问题也一直是老旧小区的“常见病”。“飞线充电屡禁不止的，我们只能采取剪线没收，这是无奈之举；楼道的堆积物，每天都有保洁员对楼道进行清扫，但是还是有居民时常把物件堆放在楼道内。”景昙社区主任周婷说。面对基层社区在处理此类问题上缺少执法支撑的困境，左仑曼委员建议借鉴交警非现场

政协委员现场建言

执法处罚的形式，利用监控抓拍、协管员移动设备取证等给电动车主开罚单，将违法记录上传执法系统并尝试与公民个人诚信挂钩。

针对专业市场人流物流密集、设施线路陈旧等消防安全“堵点”，孙阳委员呼吁：“除了自身督查外，要委托第三方进行安全检查，整个过程全部公开透明，并根据结果进行安全整改。”施雪雁委员则是向市场管理者提供了三把“钥匙”：一是合理利用改造提升等硬件改造的机会，拓宽市场内部的通道；二是探索实现人货分流，减少货品在市场区域的储存；三是加强对从业人员的安全培训，做到安全培训工作全覆盖。谈及智慧消防的运用和普及，沈波委员建议在市场区域开展智慧消防建设，实现市场区域消控系统远程监控，发现问题及时处理。

线下协商如火如荼，线上议政也热闹非凡。本场协商会首次在微博、微信上同步图文直播，是区政协着力扩大协商参与面和开放度的一次有益探索。据统计，共有 1272 人次通过微博直播间参与了这次协商活动，阅读量高达 3.2 万人次，68 名区政协委员在委员议政群发表高质量建议 107 条。

消防安全要马上干、常态管

面对委员们的提问，区消防大队、区应急管理局、区住建局、区公安分局等职能部门负责人坦诚应答、亮出举措，政协委员和居民代表提出的 10 余个主要问题都得到了积极回应，一些问题当场就得到拍板解决。

区消防大队负责人表示，后续将继续督促做好“瘫痪”小区的检测维修，整治高层居住小区登高面、消防车道堵塞和占用问题，加大监督检查、消防宣传，做好人民的“守夜人”。针对小区电动车违规充电引发消防安全隐患问题，区公安分局采荷派出所负责人表示，将结合分局在线警务 2.0 版本推进和智慧安防小区建设，加强小区人脸相机、监控建设力度，并纳入公安视频专线，扩充视频空中巡逻职能，及时发现小区电动车违规充电情况；同时加强整改和处罚力度，发现问题后及时派单给相应的处置警力，第一时间处置消除隐患并依法进行处罚。市住房保障和房产管理局物业维修基金中心副主任凌一军表示，会深入研究有关物业维修基金申请的难点问题，完善政策、明确程序、加强指导，切实保障物业维修基金用实用好。

“感受热烈的协商氛围，感动于认真的协商态度，感谢高质量的协商成果。”区委常委、常务副区长王文硕已经是第二次参加“有事好商量”协商活动。在她眼里，“有事好商量”可谓一年一个台阶，越来越有成效。“委员们议政议在了点子上，建言建在了关键处，对我们启发很大、帮助良多。区政府将会充分吸纳本次协商会的意见建议，抓紧时间研究，细化落实方案，做到件件有回应，事事有着落。”

区政协副主席于广滨以“三个一”对本次协商会作总结：“一个好主题，以‘小切口’协商事关百姓生命财产安全的‘大问题’，蕴含其中的是大格局、大视野、大情怀、大担当；一批好建言，大家的发言站位高、视野宽、专业性强，既放眼全区，又结合各自的从业经验，指出了问题短板，提出了务实建议；一份好答卷，有关单位的积极回应，让我们充分感受到了区委区政府执政为民的铁肩担当，职能部门快速高效的执行能力，用心用情向群众交上了一份破解民生难题的满意答卷。”他表示，消防安全是一项系统性、整体性、协同性很强的民生工程，需要举全社会之力逐步探索破解，区政协将继续深入调查研究，积极建言献策，尽心尽力协助党委政府，多为群众办一点实事、多为群众解决一些烦心事。

成果效应

协商会召开以后，区消防大队、区应急管理局、区住建局等部门和属地街道紧扣协商会有关要求，围绕高层住宅、老旧小区、专业市场三大重点场所的消防安全问题，深化消防安全治理。一场“请你来协商”，推动了物业专项维修资金管理有关事项的明确，助推高层住宅、老旧小区、专业市场三大重点场所消防隐患的破解。在高层住宅方面，让 34 个高层住宅小区“瘫痪”的消防设施“重获新生”，推动辖区高层建筑消防安全情况录入“云治火”综合治理小程序；在老旧小区方面，推进辖区348个居住小区完成消防安全试点治理，73个老旧小区完成提升改造，91个社区微型消防站得到提档升级；在专业市场方面，助推全区39家专业市场、14个大型商业综合体完成达标创建工作。本次协商会在浙江电视台新闻频道、《钱江晚报》、《联谊报》、江干发布等诸多媒体上报道，通过媒体的力量，使更多人关注消防安全，关注我们的“生命线”。

“微更新”让老旧小区“焕新颜”

老旧小区微更新，让城市焕发生机，也让居民更暖心。我区老房子多、老小区多、老龄人口多，本次协商走进老旧小区，组织委员实地感受其现实情况，围绕如何推进老旧小区微更新、提升人民群众幸福感，谈想法、提建议、献良策，助推微更新成为城市建设和社会治理的新品牌。

主题背景

我区作为杭城老底子的中心城区，老旧小区体量较大。2000 年以前建造的住宅小区有 342 个、2064 幢，住宅共 8 万余套，总建筑面积达 460 万平方米，约占全区住宅总建筑面积的一半。老旧小区设施落后，先天规划不足，后天缺乏有效管理途径，亟待进行功能优化、有机更新和活力再造。为有序改善既有现状，我区将老旧小区微更新作为全区八大重点工作之一，旨在探索出一条适合老旧小区持续有机更新的有效路径。党政有所需、政协见行动，群众有所呼、政协有所应，前期，区政协副主席周常生带队就此问题进行了专题调研。2019 年 6 月 12 日，区政协以“老旧小区微更新”为主题，在地处老旧小区内的凤凰小学秋涛校区开展专题协商。

“老旧小区微更新”专题协商会现场

改出幸福感

老旧小区改造是提升群众幸福感、获得感的有效手段。协商会上，副区长朱黎明首先介绍了老旧小区微更新工作推进方案：“第一批微更新小区共有6个，其中新工社区被列入杭州市首批13个老旧住宅小区综合改造提升试点项目。”

来自紫阳、南星和清波街道的居民代表和社区负责人，现场交流了对增设停车泊位、加装电梯、日间照料、幼托服务、电线上改下、雨污分流、立面环境整治、完善安全系统和无障碍设施等方面的需求。

紫阳街道新工社区负责人说：“我们汇总整理了居民们的想法，建议对污水管道和雨水管道合理分流，将现有砖混结构的车棚进行拆除，统一改造成敞开式车棚，并完善配套充电设施。”

南星街道玉皇山社区负责人基于电厂二宿舍的基本情况及存在的问题，对微更新工作进行展望：“一是提升安全性，安装车辆道闸等出入管理系统，

改造前后的新工社区大门

完善小区监控系统，对供电、通信、数字电视、网络等弱电线缆横拉乱接进行全面整治，建设线缆地下共同沟以避免消防隐患。二是延展历史性，全面修整房屋漏水及墙面剥落，并进行外立面美观修饰，同时充分保留闸口电厂二宿舍特色，注重对电厂二宿舍历史文化碎片的整理，注重建筑、环境等历史文脉的传承，着力打造独具特色的小区文化空间和载体。”

清波街道劳动路社区负责人就社区重点更新内容进行交流。具体而言，在完善公共服务设施方面，改建健身活动场地，增设居家养老服务点；在优化居民居住环境方面，加装电梯、进行管线上改下、调整小区绿地。

以“新”换“心”

如何做好文化保护？怎么做好统筹规划？需要向老年群体提供哪些公共服务？怎样规范管理流程？……协商现场，大家各抒己见，从不同视角围绕我区老旧小区微更新如何以“新”换“心”进行了协商讨论。

我区是杭州历史文化遗产最丰富、最集中的城区，老旧小区微更新过程中如何保护历史文化是一大课题。区政协副主席周常生发表看法：“老旧小区往往是历史文化内涵的集中承载体，在微更新过程中要重视保留文化年轮、传承文化印记。”他认为，此次微更新涉及的湖滨街道未央村的孝泉亭（俗称银瓶井）、清波街道柳浪东苑的南宋宁宗杨皇后遗迹、紫阳街道新工社区的报恩桥等遗迹，其历史文化内涵都值得进一步挖掘。

“微更新不是大拆大建，是以群众需求和提升小区功能为导向的有机再生。”区政协副主席俞朔建议在规划设计前摸清底数，坚持群众参与，并通过政府主导、众筹为辅的方式解决资金问题。

区政协副主席陈少华认为应该统筹立面规划，做好前期调研，推动资源共享。市政协委员吴正提议，将“未来社区”的概念引入微更新工作中，合理布局老旧小区群之间的功能设施和区域辐射。

区政协副主席马彦从“老旧小区老年人比较多”的现实出发，提出建议：“要做好应对老龄化的公共服务，除了敬老院、日间照料中心，还要关注老年人休闲、健身的活动场所，适合轮椅通行的无障碍设施。”

聚焦规范管理流程，专家代表钟荣川提出三点建议：一是政府部门在规划设计上要平衡好老旧小区原有规划条件和现有功能要求的矛盾，并慎重选择施工单位，避免盲目抢工；二是区住建局要加强业务指导，在方案设计、预算、审批、施工、审计、决算等各个环节把好关；三是建议从相关部门抽调经验丰富的工作人员，确保微更新工作管理流程科学、规范，档案资料保存完整。

针对老旧小区消防安全问题，区消防大队负责人表示，各街道需要加快完成老旧小区消防设施增配改造任务。“消防车道方面，要保证消防车道宽度，妥善解决停车问题；消防给水方面，要确保消防给水管网水压正常并实现实时监测；安全疏散方面，要确保疏散通道和安全出口畅通；电动车管理方面，要禁止在疏散通道、安全出口、楼梯间、单元口等区域内停放电动车，禁止违反用电安全要求私拉电线和插座给电动车充电。”

区委常委、统战部部长来剑波表示，本次协商活动为老旧小区微更新工作提供了许多有益参考和建议。

区委副书记、区长金承涛对下一步工作提出要求：“下一步，微更新工作站位要更高、谋划要更细、实施要更快、落地要更实，要把我们的区域特色和区域文化、开展民生工程的经验及强化社会治理的智慧融入进去，探索出一条适用于我区经济社会发展实际的老旧小区综合整治提升道路。”

区政协主席占仁义总结道：“老旧小区微更新工作是事关人民群众对美好生活向往的实事、好事、难事，也是政协履职关注的民生关键‘小’事。今天我们切实感受了老旧小区的改造需求，也了解了改造的方案，大家围绕如何把老小区改造成‘舒心小区’‘文化小区’‘功能小区’提出了富有建设性的意见建议，效果很好。我们就是要通过‘请你来协商’这个平台，把群众的呼声、专家的意见及时让党委政府知晓，同时也及时地把党委政府的政策精神传递给群众，凝聚共识、凝聚力量。希望委员和专家们继续关心关注微更新工作，助推微更新做成精品。”

成果效应

这次专题协商会召开以后，区政协将协商会上大家提出的建议进行梳理提炼，向区委报送了《关于上城区老旧小区微更新专题协商会情况报告》，提出明确任务清单、树立超前意识、坚持群众导向、完善适老设施、挖掘文化内涵、规范管理流程、争取多方支持、重视长效管理等八方面建议。

在区政协助推之下，我区老旧小区微更新工作稳步推进，取得明显成效，紫阳街道新工社区项目、南星街道闸口电厂二宿舍项目入选杭州市2019年老旧小区改造工作最佳案例，新工社区还入选了住建部第一批改造试点案例。2019年，我区共完成微更新试点项目6个，涉及6个小区，改造面积44万平方米，收益住户5000户。其中，试点项目新工新村改造体量在全市排在前列，其最大特色在于充分挖掘空间资源、补齐功能配套短板、用足小区的边角料、用好小区周边的资源。通过利用铁轨沿线的未利用空间、中河绿化带、学校和省市职能部门房产，增加了近3000平方米的配套用房、近400个车位和超2000平方米的居民共享活动空间。

栽好梧桐树 静待凤凰来

2018 年 11 月 1 日，习近平总书记主持召开民营企业座谈会，高度肯定民营经济的重要地位和作用。作为民营经济大区，我区积极响应中央、省、市号召，提出“宁可财政紧一点，也要挤钱减负担；宁可权力小一点，也要简政增活力；宁可干部累一点，也要精准送服务；宁可现在难一点，也要转型拓空间”。为此，区政协工商联界别以集体提案形式向大会提交了“关于打造民营经济发展环境第一区的建议”，得到区委区政府高度重视，被确定为年度重点提案，由区委书记滕勇领办。一场围绕“打造民营经济发展环境第一区”的区政协常委会会议专题协商就此展开。

主题背景

江干区自古以来就是商贾云集、财通八方的商埠。2017 年民营经济创造了全区 80% 以上的生产总值、90% 以上的税收和就业岗位、接近 100% 的外贸出口。2018 年 11 月 16 日，区民营企业发展工作座谈会提出，要着力营造良好的政务、发展、创业创新、人文、法治环境，“打造民营经济发展环境第一区”。为此，

“打造民营经济发展环境第一区”专题协商会现场

区政协组建了由主席挂帅的调研组，结合在全区范围内深入开展的“走亲连心、服务企业”活动，在全体政协委员、智库成员中深入开展“我为打造民营经济发展环境第一区献一计”活动，重点围绕营造高效透明的政务环境、优越便捷的发展环境、活力四射的创业创新环境、安商亲商的人文环境、公平公正的法治环境“五大环境”，深入一线问需问计，并于 2019 年 6 月 28 日召开专题协商会。

把脉营商环境

营商环境好不好，基层问过才知道。2019 年开年以来，区政协结合在全区范围内深入开展的“走亲连心、服务企业”活动，围绕“打造民营经济发展环境第一区”专题，广泛发动委员，深入基层一线，依托“委员活动日”“界别活动日”等履职载体，开展深入调研，并在全体政协委员、智库成员中深入开展“我为打造民营经济发展环境第一区献一计”活动，重点围绕营造高效透明的政务环境、优越便捷的发展环境、活力四射的创业创新环境、安商亲商的人文环境、公平公正的法治环境“五大环境”，深入一线问需问计，共走访企业 352 家，收集梳理建议 166 条，营造了“人人关心营商环境，人人维护营商环境，人人都是营商环境”的良好氛围。通过走访调研，全面了解了当前民营企业面临的困难挑战，也更加精准掌握了广大企业的所需所想所盼。

开出发展“良方”

区委书记滕勇对年度重点提案办理和专题协商会十分重视，带领 10 余家职能部门负责人与 70 多位区政协委员、智库成员、企业家和专家围坐在一起，为优化民营经济发展环境开“良方”。

协商会首先听取区发改经信局关于提案办理及营商环境工作开展情况汇报，区政协副主席杨渭贤紧接着通报了前期走访调研情况。协商会以参加走访调研的委员视频建言展示开篇，迅速点燃了现场委员们建言的激情，10 名政协常委、委员踊跃建言。

杨东伟委员、潘爱斌委员提出“加快省市扶持政策兑现落地的建议”“关于将减税降费优惠政策精准落实到企业的建议”，得到区财政局和区税务局立即回应，表示：“支持民营经济发展，财政、税务部门责无旁贷，将尽快拨付扶持资金、兑现减税降费政策。”“将信用好、符合我区产业发展导向的小微企业纳入企业融资白名单，千方百计加大贷款支持力度。”区政协委员、华侨基金管理有限公司执行总裁王渊话音刚落，区金融办负责人就拿起话筒：“我们要积极探索将银行扶持中小微企业的成效纳入区财政公款竞争性存放的评级体系，引导金融机构研建‘敢贷、愿贷、能贷’的长效机制。”

“我们有事好商量，更要有事多联系。我们将邀请本土知名企业家担任区经济发展大使，更好地推介宣传我区。”区投促局负责人现场打出“广告”，并告知了自己的联系方式，拉近了政府部门和企业之间的距离。

区政协委员、西子国际控股有限公司法律部部长柳宇涛建议：“在招商引资工作中要坚持两手抓、两促进，充分发挥本土企业优势作用，实现招‘新’维‘旧’，互促共赢。”

吴谦委员“关于深化最多跑一次改革，提高企业办事的获得感、满意度的建议”、郑洁瑜委员“关于加快提升我区双创平台、众创空间发展的建议”、陈磊委员“关于加强中小企业法律权益保障的建议”更是得到区审管办、区科技局、区司法局主要负责人的积极回应。

会上，政协委员即席发言，职能部门当场回应，气氛十分热烈。在坦诚交流中，“打造民营经济发展环境第一区”的方法举措愈加清晰起来。

众人的事情由众人商量。本次协商活动通过江干发布、区政协委员微信议政群在线上同步图文直播互动。“民营经济发展既要‘通经络’，也要‘补气血’，更要‘强筋骨’。”“人人都是营商环境、处处事关营商形象、个个都有营商责任。”……一条条反映了委员和群众心声的留言，通过网络传到了活动现场，扩大了“请你来协商”的参与度和开放度，推动建言资政和凝聚共识双向发力。

据统计，共有 2508 人次通过江干发布微博直播间参与了本次协商活动，微博阅读量达到 4.1 万人次，67 名区政协委员在委员议政群发表高质量建议 168 条，这些留言记录将经过汇总梳理后送相关部门抓紧落实。

秉轴持钧 奋力前行

本次协商还借助了“外脑”优势。浙江省工业和信息化研究院院长、浙商发展研究院高级研究员兰建平博士，浙江大学公共管理学院陈建军教授受邀来到现场“传经送宝”。专家们紧密结合我区实际和自身感受，围绕加快企业创新发展、支持实体经济做大做强等方面作了专业的指导点评，为职能部门和企业拓思路、明重点，引起了与会人员的共鸣。

“主题好！形式好！效果好！”区委书记滕勇为“请你来协商”活动点赞鼓劲。他强调，民营经济在我区的地位举足轻重，事关发展大局。要认真学习贯彻好中央、省、市民营经济发展大会精神，进一步优化营商环境，更加重视民营企业的发展、更加关心关爱民营企业家。创新务实举措，着力帮助民营企业解决具体困难和问题，要有时间表、路线图、任务书，成为名副其实的“民营经济发展环境第一区”，为加快建设一流的现代化中心区添色增彩。要用好用活“请你来协商”平台，相关部门、街道要认真研究政协委员的真知灼见，确保协商成果尽早落地见效，做到真协商、会协商、多协商，让“请你来协商”更有意义、更有效果、更有质量。

区政协主席黄爱芳表示：“在大家的真情建言中，我们既看到了民营企业面临的挑战困难，也看到了大家战胜困难的信心和决心，更从滕勇书记的讲话中真切感受到了党委政府对民营经济的高度重视、对民营企业的亲切关怀。区政协要充分发挥联系广泛、渠道畅通的自身优势，在凝共识、聚合力方面主动担当作为，推动形成社会各界人士关注、支持民营经济发展的生动局面，深耕‘请你来协商’，干出人民政协的新样子。”

成果效应

专题协商会后，区政协结合前期调研和委员建言形成建议案报送区委区政府，区委区政府专门出台了《关于建设一流营商环境打造民营经济第一区的实施意见》，区发改经信局等部门认真贯彻区委区政府要求和政协专题协商会精神，重视构建营商环境工作体系，全面落实建设一流营商环境新政19条，在杭州市“打造国际一流营商环境”专项考核中多年位居前列。

皇城根下　宋风流韵

九里皇城，处处都是宋韵；街坊里巷，遍地都是故事。区委区政府始终致力于传承南宋文化、讲好上城故事，在保护历史遗存、发展文创产业等方面做了大量工作。区政协紧扣区委中心工作，紧紧围绕吴越、南宋等优秀传统文化的挖掘和传承，通过文史资料挖掘、书籍编撰、协商建言等形式全方位参与到全区文化传承工作中来。

主题背景

上城区是吴越王宫、南宋皇城大遗址的所在地，是吴越及南宋文化的主要承载区，有着南宋 152 年历史文脉，区域内集聚着大量文化遗存，南宋文化的印记尤为深刻。挖掘、传播、展示南宋文化，对提升杭州文化软实力，带动第三产业尤其是旅游业的发展，具有十分重要的意义。近年来，上城区始终坚持文化特质，重塑南宋文化特色，着眼传承复兴、突出开放共享、聚焦融合发展，在独具上城魅力的文化传承发展道路上行稳致远。其中，最能代表南宋文化底蕴的，莫过于南宋皇城小镇。

2016 年 10 月，南宋皇城小镇开镇迎客。2017 年，小镇入选浙江省特色小镇第三批创建名单，通过整体业态规划、系列文化活动的举办以及各类文化体验馆的建设，将被打造成为集产业交流、展示、推广、传承平台为一体的以南宋文化为核心的大文化产业平台，是展示“南宋古都、经典上城”的靓丽“名片”。如何以小镇建设为契机，进一步打造好南宋文化体验圈成为本次协商会关注的重点。

鼓楼夜色

南宋文化体验如何“成圈”

2019 年 7 月 26 日，区政协召开“打造南宋文化体验圈 助推南宋皇城小镇建设”专题协商会，政协委员、专家学者、职能部门合力按下南宋文化体验圈建设“加速键”。

“上城区域内的南宋历史文化显现了三大特点，即自然人文景点荟萃造就的‘天人一色’，市民生活的俗、文人墨客的雅汇集形成的‘雅俗共赏’，商贩的复古气息和商业的现代气质相结合的‘古今融合’。这三大特点背后所代表的正是上城立体、多元、独特的南宋文化资源优势。”区政协副主席陈少华代表课题组首先发言。他指出，打造南宋文化体验圈，要从现有资源挖掘、南宋元素凸现、旅游理念升级、目标人群引导等方面切入，可以通过打造“寻迹千年”“宋人寻雅”“格物致知”“南宋遗珍”“克己复礼”和“杏林源远”等六条雅俗共赏、古今融合的文化体验线路来丰富南宋文化的体验感，同时也

政协委员为南宋文化体验圈打造建言献策

建议区委区政府进一步创新管理模式、优化特色产业、树好文化品牌，拓展独具特色的上城文化传承发展道路。

“打造南宋文化体验圈，既要仰望星空，也要脚踏实地，要有可操作性的切入点和载体，以切实提高南宋文化的传播力和影响力。”“要做好造境、平衡、口号、线路和体验的文章，以避免文化传承工作的碎片化。”“打造南宋文化体验圈，建议更多关注持续性的公众参与度和文创产品的市场化等问题……”“南宋皇城小镇建设不仅要在‘形’上挖掘，还要在‘神’上进行探索，建成‘本地人常来、外地人必来’的宝地。”……与会的委员们从古今结合、中西结合、雅俗结合、文旅结合出发，为打造南宋文化体验圈谋良策、出实招。

翻开南宋皇城小镇蝶变新篇章

“南宋皇城小镇范围内的八卦田、白塔、五柳巷、吴山、南宋皇宫遗址、德寿宫遗址、太庙、孔庙、南宋官窑博物馆、杭州市方志馆、南宋御街等诸多景点见证了南宋全盛时期杭州古都的繁华与文明。将南宋皇城小镇打造好，将南宋文化展示好，是我们职责所在。”在听了委员们富有建设性的意见和建议后，相关职能部门的负责人纷纷点赞，并表示委员们的建议为下一步打造南宋皇城小镇，翻开小镇蝶变新篇章打开了思路、提供了方案。

区委副书记周徐胤表示，“请你来协商”是一个很好的平台，可以为我区社会事业发展凝聚智慧力量，与会部门要利用好这个平台，充分吸收本次协商成果，找准方位、瞄准目标、探索路径，推动文化兴盛走在前列，推动南宋文化传承发扬，推动文化引领走出新路。

“今年以来，我们成立了上城政协智囊团，其中专门成立了文化传承组，致力于上城文化事业的传承和发展。文化传承任重道远，这也是我们政协协商多年来的重要议题之一。这次围绕南宋文化体验圈的打造建言献策，着重规划了六条文化体验线路，为上城的文化事业盛兴助力。接下来我们要继续发挥智囊作用，多出好点子，多作好谋划，为打造南宋文化圈贡献力量。”区政协主席占仁义总结道。

成果效应

专题协商会后，上城区政协形成的《关于打造南宋文化体验圈 助推南宋皇城小镇建设的建议》调研报告被《杭州政务调查研究》收录，让南宋文化体验圈建设进入了“快车道”。2020 年，区政协开展《关于南宋皇城遗址保护利用的对策研究》，并于 8 月在市政协“高水平推进历史文化名城建设”专题常委会会议上发布；研究并撰写《关于开展南宋茶文化体验活动的实践》；主持编撰了南宋系列书籍《宋风物语》《又见南宋》《循诏千年》；开设《你好，南宋》《南宋有约》系列讲座；打造影音融合文化直播专栏《穿越南宋的 N 个理由》……一系列的助推，让南宋皇城小镇的发展持续向好。2020 年 1 至 9 月，南宋皇城小镇实现旅游接待人数约 1850 万人次，清河坊历史街区跻身首批省级高品质步行街建设试点，2020 年以“御见清河坊 · 宋韵最杭州”为主题的南宋文化节成功举办，南宋记忆馆、南宋书房等文旅体验点独具魅力，“直播 · 清河坊”等直播平台实现产业赋能。

三年砥砺磨一剑　携手共育金融花

浙江省和杭州市在2016年、2017年先后公布了浙江省《钱塘江金融港湾规划》、杭州市《关于加快推进钱塘江金融港湾建设的实施意见》，明确了钱塘江金融港湾的目标定位、空间布局、产业发展及功能配套。地处钱塘江金融港湾核心区块的江干区乘势而上、抢抓机遇，吹响了加快建设钱塘江金融港湾核心区的集结号。区政协紧扣这一主题，连续三年以课题调研、重点提案、专题协商等方式持续助推、献计出力。

主题背景

2016年以来，江干区委区政府按照省委、市委工作要求，切实发挥钱塘江金融港湾核心区在全省、全市的引领示范作用，积极落实杭州打造国际金融科技中心的战略部署，取得了较好成效。但在钱塘江金融港湾核心区建设过程中，也存在一些亟待解决的问题，如金融业的首位度特征还不够突出，钱塘江金融港湾核心区功能定位尚不够清晰，工作合力还未完全形成，省、市、区三级共同发力打造钱塘江金融港湾建设核心区的机制尚待强化等。

钱塘江金融港湾核心区建设专题调研

2017 年，区政协根据区委区政府主要领导交办，专门成立课题组，采取实地考察、走访座谈、专题研讨等方式，对我区发展金融产业、推进钱塘江金融港湾核心区建设情况进行了全面深入调研，广泛听取意见建议，并向区委区政府报送了专题调研报告。2018 年区政协持续跟踪调研成果落地转化情况。这次协商会以“关于加强地方金融监管与服务的建议”重点提案办理为契机，以主席会议形式对钱塘江金融港湾核心区建设开展专题视察，也是对重点调研课题成果的一次跟踪问效和持续助推。

协商场景

主题：加快推进钱塘江金融港湾核心区建设

时间：2019 年 8 月 30 日

地点：浙商证券股份有限公司

人员：区领导，区政协委员，区有关部门、四季青街道、浙商证券负责人

钱江潮涌话发展

钱江新城是杭州最靓丽的城市风景，是钱塘江金融港湾核心区的重要承载地，理应是浙江金融产业发展的高地。政协委员实地走访了浙江金融资产交易中心和浙商证券股份有限公司，现场感受钱江新城金融机构的办公、交易情况。

现场协商会上，浙商证券股份有限公司负责人介绍了当前金融业运行情况和培育本土上市公司、助力区域经济高质量发展的做法，区金融办就重点提案办理和我区建设钱塘江金融港湾核心区工作情况进行了汇报。

四位政协委员身临其境，感受深刻，踊跃建言。赵永庆委员是浙江金融资产交易中心总经理，作为业内专家，提出加快完善钱塘江金融港湾核心区规划体系和功能定位，进一步提升辨识度、首位度的建议。林影委员作为区政协金融智库委员工作室的牵头人，就出台优惠政策、利用高端商务楼宇引进区域金融总部、财富管理中心，以打造全省金融中心，乃至全国全球财富高地提出建议。

作为银行分行负责人的吴建文委员建议，要加强与省级金融机构战略合作，争取省级金融机构和资源支持地方经济发展。王柱委员是国有投资机构总经理，他建议，要加快杭州金融城建设、做大做强国有投资企业、促进地方经济转型升级。

区政协副主席杨渭贤充分肯定了区金融办所做的大量卓有成效的工作，并提出了五个方面的建议：要进一步凸显金融首位度产业地位，成为名副其实的钱塘江金融港湾核心区；要进一步推动金融产业集聚发展，研究出台更有效的金融产业扶持政策，形成金融产业集聚发展的良好生态；要进一步融入长三角一体化，打造国内领先、具有国际影响力的金融科技产业集聚区；要进一步优化营商环境，推动优质企业股改上市，做好“金融＋产业”文章；要进一步加强金融风险防范，保持社会大局和谐稳定。

擦亮港湾“金名片”

区金融办、四季青街道负责人现场积极回应委员建议，表示下一步要加快杭州银行总部、华融国际大厦、太平金融大厦、江河汇、恒生金融科技总部等重大项目建设，积极对接省、市，让钱塘江金融港湾扶持政策更具延续性，并研究出台更有效的金融产业扶持政策，持续推动优质企业上市，推动区域经济高质量发展。

“建议有高度、有深度、有操作性”，副区长范朝辉高度肯定委员的建议，感谢区政协持续关注钱塘江金融港湾核心区的建设，要求部门、街道及时跟进、及时落实、及时反馈，并提出落实举措，坚定不移做强做大首位产业，精心谋划、扎实推进重大项目建设进程，特别是加快杭州金融城建设，加快打造金融产业发展集聚区步伐；优化研究金融产业先行先试政策，加强金融监管，从源头上防范金融风险的发生，保持区域经济和金融稳定；抢抓长三角一体化发展机遇，大力引进国内外大型财富管理机构总部、大型投资机构总部，特别是加快金融科技产业的集聚，形成标杆性、有辨识度的金融产业核心区。

区政协主席黄爱芳主持协商会，并总结阐述了本次协商会的目的和意义，她说，加快钱塘江金融港湾核心区建设是落实浙江省“大湾区”建设和杭州市“拥江发展”战略的需要，也是服务借力大上海，深度融入长三角，推动我区经济高质量发展，打造一流现代化中心城区的需要。区政协高度关注、持续助推核心区建设，在跟踪问效上持续发力，连续三年就这一主题开展调查研究、民主监督和重点提案督办，本场协商会既是对前期工作的回顾，也是对协商成果落地见效的检视。“请你来协商 · 有事好商量”，不仅要科学建言、真情献策，更要切实解决“只商不办”的问题，真正做实协商“后半篇文章”。

成果效应

2019 年初，江干区专门成立区金融办，统筹协调金融产业发展和钱塘江金融港湾核心区建设，编制出台《建设杭州金融城打造金融科技先行区行动纲要》和《江干区金融产业链招商行动方案》。浙大互联网金融研究院、中财绿色金融国际研究院、中金公司、澳门银行、四川大普信用评级机构、世界银行全球数字金融中心等项目顺利落地。连续三年主办中国金融论坛钱塘峰会、亚太资产管理高峰论坛、中国股权投资峰会、创新中国总决赛暨秋季峰会、首届凤凰谷论坛等多场高端金融活动，相继发布了全球金融科技钱塘指数、绿色金融指数、浙江凤凰行动 50 指数等。到 2019 年底，钱塘江金融港湾核心区累计入驻省级以上持牌金融机构 63 家，大型要素交易平台 6 家，金融衍生机构 200 余家；2019 年金融业增加值达到 253.86 亿元，同比增长 8.6%，占 GDP 比重为 24.8%，金融业真正成为首位产业。

古海塘里见乡愁

"钱塘江畔金江干。"古海塘是钱塘江历史文化最鲜明的标识，有了钱江潮，有了古海塘，才成就了繁华的江干区。守护好千年古海塘，就是留下了江干人的乡愁。

主题背景

"滔滔钱江水，悠悠古海塘"，钱塘江海潮与古海塘的相伴相生，共同铸就了这座城市历史的"根"与"魂"。2013 年 5 月，九堡文体中心前期建设过程中，发现了保存完好的明清时期古海塘遗址，区委区政府当即决定就地建设杭州海塘遗址博物馆。作为我区深入开展钱塘江文化建设的一个重点项目，海塘遗址博物馆的建设和发展一直是各界关心的热点，为此，区政协将

钱江潮与古海塘

“挖掘钱塘江文化——海塘遗址博物馆的建设与发展”作为“请你来协商·有事好商量”协商的重要议题，组织召开专题协商会，为海塘遗址博物馆“精彩亮相”建言献策、凝聚共识。

协商场景

主题： 挖掘钱塘江文化——海塘遗址博物馆建设与发展

时间： 2019 年 9 月 6 日

地点： 区政协“请你来协商·有事好商量”总平台

人员： 区领导，区政协秘书长、区政协委员，相关专家学者，区有关部门、九堡街道负责人，群众代表

现场“抬杠”，沉浸式建言博物馆建设

“博物馆如何全面接受文化信息，并变为一种新的文化记忆？如何顺应时代脉搏，成为文化知识的整合者、发布者、创造者，经得起历史的检验？如何更好地宣传钱塘江文化，使钱塘江文脉在博物馆中以另一种形式存在？如何更接地气，成为一个文化综合体、区域文化体系的有机组成部分乃至文化高地？”区政协文教委负责人结合前期走访调研情况，率先抛出四个“如何”的“调研之问”，引起了大家的共鸣。

“博物馆展陈设计要体现海塘建设的重要性，突出场景感，突显人文性、历史性。”龚真真委员抢到第一麦，她表示，博物馆要给参观者更惊心动魄的直观感受，展现海塘所蕴含的人文性、历史性，弘扬科学务实、忠诚奉献、勇立潮头的精神，让参观者获得更多的教益。傅红娟委员则表示海塘遗址博物馆要充分体现“三全”的特点，即全时空展示、全人群覆盖、全文化沉浸。

对于海塘遗址博物馆的定位，两位委员给出了思路想法，应群颖委员建议要把海塘遗址博物馆打造成为“江干客厅”，打造出“海塘遗址大区”牌

子，打造一批“最鲜活的遗址”的互动项目，增加馆内的灵动空间，树立海塘遗址博物馆的龙头地位。周林敏委员则认为，要以世界遗产的标准、世界级旅游产品的目标，建设杭州海塘遗址博物馆，要坚定杭州海塘遗址博物馆的专业馆定位，把专业馆做专。

现场“抬杠”，沉浸式体验修筑海塘

海塘博物馆不仅肩负着传承民族文化的使命，也肩负着引导青少年学习与传承中华文化的重大任务。如何科学设展，吸引青少年的兴趣，郑君辉委员认为，要充分利用虚拟现实技术还原文物曾经的鲜活与生动，并利用人工智能给青少年带来奇妙体验。区青少年活动中心负责人又补充道，“要从需求出发，设计有选择性的课程菜单，开发体验性的课程活动，提供多层次的课程保障，以丰富多彩的活动吸引孩子走进博物馆”。

杭州旅游“打卡点”、德育教育“新课堂”、文化“会客厅”……博物馆在大家的智慧碰撞中被赋予了更多的内涵和功能。

作为土生土长的“老江干”，市民代表沈树人对海塘有着不一样的情怀。“在老百姓心目中，钱塘江海塘是一道守护美好家园的海上长城，是老百姓的情感和精神归属。建议既要请做过塘工的老一辈来讲讲海塘修筑的经历，留下有价值的历史资料，也要向民间征集与海塘相关的实物、照片等，以丰富博物馆展品。”协商会上，沈树人还拿出自己珍藏多年的老物件——一根当年筑海塘用的“杠”，现场捐赠给博物馆。这一临时增加的“抬杠”环节，又把大家带回了当年修筑海塘时的那段峥嵘岁月，赢得了阵阵喝彩。

要使博物馆功能最大化、最优化

现场委员、专家学者、群众代表的发言既深情又接地气。区文广旅体局、区财政局、区文创办等职能部门负责人听得认真、记得仔细，诚意回应。

区财政局负责人这样说道：“海塘遗址博物馆的建设是一个成功的例子，下一步我们财政局将探索建立多元的资金投入模式，高度关注资金投入的绩效，真正把资金用在老百姓喜闻乐见的、能够促进我区各项文化事业发展的项目上。”

区文创办负责人表示，后续将结合钱塘江文化节系列活动的开展，在海塘博物馆设立钱塘江文化社邻之家，联合区级相关部门和文化名人名家，不定期举办高雅艺术在民间系列活动。

原浙江省文物局博物馆与社会文物处处长杨新平及省钱塘江文化研究会高级研究员陆熙现场点评并表示，海塘遗址博物馆体制建设方面要突出“五个专”：明确专属的管理体制，成立专设的博物馆理事会，建立专门的工作班子，建设专业的讲解员、策展人和志愿者队伍以及运营经费的专款保障。后期运营中则要突出“四个精”：日常管理要精打细算，创意设计要精益求精，临时展会要短小精悍，重点项目要精彩纷呈。未来发展要突出“三个定位”：研究保存抓队伍，参观学习抓人气，互动体验抓细节。

副区长朱君表示，将认真研究、充分吸纳协商成果，用好委员建议，努力让杭州海塘遗址博物馆更好地展示钱塘江文化的独特韵味、别样精彩。

区政协主席黄爱芳总结说道：“‘海上长城’历时弥远，海塘文化则滋养了杭州的城市文化根脉，尤其是弄潮儿勇立潮头、奔竞不息的精神，至今仍是杭州文化中重要的文化基因，激励着每一个杭州人奋楫扬帆、破浪前行。海塘遗址博物馆的建设，要从展示海塘遗址、传承海塘文化、涵养城市文化根脉的高度出发，不断推进相关学术研究、深挖海塘价值，实施综保工程、提升活化利用，争取上级支持、推进联合申遗，全面展示杭州钱塘江海塘的历史变迁、文化内涵和价值。政协要充分发挥专门协商机构作用，聚焦党政中心工作履职尽责，共同保护好、传承好、发扬好钱塘江文化。”

成果效应

在全区各方共同努力下，2020年1月7日，位于杭州九沙大道与九睦路路口西南角的杭州海塘遗址博物馆正式对外开放，这也是目前国内首个以海塘遗址为主题的博物馆。博物馆总面积6200平方米，包括遗址展示厅、海塘文化厅、临展厅和区非遗厅（馆），是全面展示杭州钱塘江海塘文化，集收藏、研究、体验、教育为一体的遗址类专题博物馆。作为国内唯一的海塘遗址博物馆，它不仅开启了整个钱塘江古海塘历史文化保护序幕，也让更多的人通过海塘遗址博物馆了解和认识“古海塘”，触摸到这座城市文化的“根”与“魂”。

博物馆开馆后，就引起了社会广泛关注，海塘遗址博物馆参观人次是同类同面积博物馆的两倍。不仅如此，具有区位特色、人文历史的海塘遗址博物馆，还引进了书吧等高端休闲业态，用“网红打卡”的方式助力打响我区海塘文化名片。

协商作笔　共注社会治理“最优解”

2019年4月，杭州市委市政府印发了推进市域社会治理现代化“1+5”文件，搭建了“三级三层六和六能”的“六和塔”体系，为社会治理提供了杭州思路。区委高度重视基层社会治理，区政协充分发挥协商民主在社会治理中的制度优势，于2019年9月10日召开“推进基层社会治理‘六和塔’工作体系”专题协商会，组织区本级、街道和社区三个层级的代表协商，丰富了“有事好商量，众人的事情由众人商量”的基层实践。

让百姓生活“既安且宁”

前期，区政协副主席袁巧玲带队，就我区基层社会治理工作开展情况进行专题调研，并代表调研组作主题报告。调研组建议，在推进基层社会治理“六和塔”体系建设中，要继续坚持党建引领、转变基层治理工作理念，要继续坚持资源整合、增强工作融合度和针对性，要继续坚持问题导向、强化基层治理工作创新，要继续坚持品牌提升、提炼基层治理工作亮点。

课题组调研南星街道综合信息指挥中心

“社会治理工作是一个无所不包、无所不容的系统工程，在推进社会治理工作中，要增强法治思维、增强整合能力、增强品牌意识。”“我们对社会治理工作的思考，要回归人本和事本。”“希望能进一步在队伍、专业、资金、权限、场地等方面为基层提供保障。”“我认为，做好基层社会治理工作，要回归到居民群众的归属感、认同感、幸福感和获得感上来。”“社会治理工作要在德治引领文明风尚上下功夫。”“社会治理工作永远在路上。”……与会的委员和各界代表们围绕主题，结合自身的岗位和感受，通过不同角度对如何做好基层社会治理工作提出了不少真知灼见。

“我们看到，一些诸如区社会治理综合服务中心建设、网格化建设、人员配置及培训、经费保障等方面，上城区已先行一步；但在‘社会协和’等软实力投入方面，根据新的要求还需要统筹整合全区各种资源及社会力量，培育新的服务于社会综合治理的社会组织。以典型示范效应，促进文明和谐社会风尚的形成。”何奇委员快言快语，一针见血地指出了上城区在基层社会治理建设方面的薄弱环节。

作为街道党工委副书记，裘是委员对基层社会综合治理所面临的难题有着深入的思考，他认为当前重点要解决四个难题：一是解决“人”的问题，鉴于基层存在事多人少的难题，建议各部门下放的工作要形成任务清单，并落实相关的人员和经费；二是解决“专”的问题，对部分基层的重要风险岗位，建议提高待遇标准，对一些专业性较强的工作，可以考虑引入第三方公司或扶持吸纳专业的社会组织参与社会治理；三是解决“钱”的问题，建议科学统筹，提前将相关资金列入预算计划；四是解决“地”的问题，建议综合考虑现有区属闲置场地利用问题，不断解决场所不足的问题。

青年路社区的蒋剑俊书记是基层社会治理的一名“老兵”，他说，近年来，他切身感受到，上城社会治理现代化水平迅速提高，智慧平安建设成效非常突出，联动治理作用发挥也很明显。但在联动治理体制机制进一步优化、大数据作用发挥、综合治理类社会组织的培育方面仍有较大提升空间。

“湖滨晴雨”工作室负责人徐利民对此亦深有感触，他希望社会组织在为老百姓伸张正义时能得到党政各级领导和职能部门的支持。“湖滨晴雨”工作室作为一个社区社会组织，在日常生活中让百姓有了一个畅所欲言的场所，并将民众所思所想转化为社情民意，为百姓反映民意搭建了“纳谏渠”，为政府了解民情增加了一双“千里眼”。

基层社会治理行责有恒

面对委员和各界代表们的精彩发言，区委政法委、区委编办、区民政局、区司法局、区信访局、区公安分局等职能部门负责人坦诚应答，介绍了上城近年来在基层社会治理“六和塔”体系构建上所作的努力。

近年来，上城区始终把市域社会治理现代化作为新时代政法工作的切入点和突破口，在健全体制、激活机制、创新制度、狠抓落实、注重实效上下功夫求实效，不断提升上城区社会治理层次水平。下一步，将推动市域社会治理现代化工作作为创新社会治理和加强基层建设的“重大工程”来谋划，站在全局的角度进一步强化工作力度，狠抓“高标准”落实，强化“高水平”保障，努力提升“六和工程”推进效益，增强“六和工程”社会影响力。

区委副书记周徐胤表示，本次协商切中要害，为下一步基层社会治理工作提供了思路和途径。他要求，与会的各部门要积极运用本次协商成果，以党建为引领，以人民为中心，以法治为保障，以基层为基础，以整合为要求，以智慧为助推，以品牌为目标，把各项治理工作真真切切落到行动上，落到群众心坎里。

区政协主席占仁义总结：“政协处于国家治理的第一线，对于我们基层政协来说，参与社会治理议题的协商是题中之义。‘六和塔’体系建设是杭州实现国家治理体系治理能力现代化建设的重要实践，上城区作为杭州的中心城区，也作为杭州市的试点单位，在‘六和塔’体系建设中走在前、做得优成为必然选项。今天的协商会为推动上城的基层社会治理工作全面进步、全面过硬出谋划策，碰撞出思想的火花，必将使上城的社会治理工作更上新台阶。”

成果效应

协商会召开以后，各职能部门稳步推进基层社会治理“六和塔”工作体系的构建。在党建聚力赋能方面，全区489个小区成立小区综合党委，覆盖率逾90%，打造小区服务驿站278个，配备小区专员1002人，“一名党员一幢楼”包联党员8767人。在推动资源整合方面，完成全区街道、社区、网格的社会治理单元精准落图，精准确认建筑物22994幢、户室地址81.34万条，实现市区两级统一地址数据实时同步。在坚持问题导向方面，推动社会组织参与社区治理，孵化社会组织1100余家，培育枢纽型支持性社会组织200余家；实现辖区14个街道社工站建设全覆盖，其中8个街道社工站被纳入2021年浙江省政府民生实事项目；创新打造“一表通”

应用场景，由杭州市委办公厅牵头进行全市推广，并得到浙江省委书记袁家军、时任浙江省省长郑栅洁的批示肯定，《人民日报》《浙江日报》等重要媒体也对此作了报道。

“有爱·无碍”：一场三级联动的爱心接力

2015年9月16日，杭州成功申办第十九届亚运会，这对我们加快健全无障碍设施，不断提升无障碍环境建设提出了更高的要求。为更好地推进无障碍设施建设，区政协专门组织委员开展体验式调研，以“角色代入”的方式与特殊群体同呼吸、共命运，并在此基础上开展省、市、区三级政协联动协商，寻求解决特殊群体“急难愁盼”问题的“最大公约数”。

协商场景

主题： 有爱·无碍——推进无障碍设施联网成片

时间： 2019年9月19日

地点： 区政协“请你来协商·有事好商量”区级总平台

人员： 省、市、区政协领导，省、市、区残联领导，区领导，铁路杭州站、杭州地铁集团、杭州公交集团负责人，部分区政协委员，区有关部门负责人，区政协各街道委员小组负责人，杭停公司、钱新物业公司负责人，残障人士代表

“有爱·无碍——推进无障碍设施联网成片”专题协商会现场

委员的体验式调研

无障碍设施建设情况标志着一个城市的文明程度，杭州将承办第四届亚洲残疾人运动会，如何让残疾人生活无碍？课题组选取了与残疾人日常生活息息相关的生活服务、出门办事、消费娱乐、交通出行四个场景，组织委员在协商会前开展了“体验式”调研，力求把问题找准、把原因厘清、把建议提实。

尹兆青委员体验的是独自依靠轮椅去理发，一路折腾到达后，却被台阶挡住去路，任凭使出“洪荒之力”，依然无法逾越。他说，街边的共享单车占用人行道，轮椅根本无法通过；进入街边理发店也没有无障碍通道，最后是在店员的帮助下才得以进入。“全程体验下来，觉得挺无助。”尹兆青说。他希望政府能结合老旧小区综合改造，将老旧小区适老化及残疾人友好便利因素改善加入改造工程。对公共服务设施设备的安装设计要充分考虑到残障人士的使用局限，尊重残障人士自理生活的意愿。

蔡泽永委员参与的是盲人体验，站在繁忙的路口茫然失措，车辆呼啸而过，让人捏了一把汗。她坦言，当时她只是戴了一副墨镜，到了十字路口时特意闭上眼感受了一下，因为红绿灯没有安装提示音，只听到呼呼而过的车辆行驶声，等候时她感觉到特别无助和孤独。“当我摸索着行进到马路中间的时候，发现绿灯已转换为红灯，不得不拎起盲杖狂奔而去。”蔡泽永希望，有关部门能定期检查、清理侵占盲道的物品、车辆等，并在红绿灯处安装警示信号和安全提示，准确告知盲人能否通行、通行的时间等。

张智青委员和李祖胜委员分别乘坐轮椅体验商场购物、行政中心办事，还有其他委员分赴地铁站、火车站、小区楼道等场所开展体验调研。区政协闸弄口、凯旋、采荷和四季青街道委员小组，分别把各组委员参与体验式调研情况制作成四个视频短片，并把他们的体会和建议带到了专题协商会上。

三级联动的面对面协商

协商会以视频短片《心有爱・行无碍》拉开序幕，区政协副主席楼玉宇建议，要明确创建无障碍示范区目标、推行无障碍通用设计理念、提升无障碍设施的合理化和精准度、营造无障碍氛围。

“着力提升无障碍设施设计规范标准”“邀请残疾人全程参与无障碍设施规划建设”“建立无障碍设施巡查维护机制”“让社会给予残疾人更多关爱”……一条条饱含委员智慧、汗水和情感的建议，引起了与会人员的思考和共鸣，也让在场的职能部门负责人频频点头。

区盲人协会会长钱俊来到协商会现场，表达了残障朋友的心声。他说，亚运会、亚残运会将在杭州举行，希望无障碍设施能够从点到线、从线到面，完善起来、规范起来，更好发挥作用，更加畅通无阻，让残障人士敢出门参与社会活动，平等地参与、共享改革发展带来的美好生活。

杭州市残联无障碍促进会会长张华则建议：明确政府牵头部门，统筹、规范无障碍设施的建设、管理等工作；建立联动机制，在设计、建设、验收过

上城区盲人协会会长钱俊在专题协商会现场发言

程中及时吸纳各方意见，使无障碍设施更完善、更好用。他还呼吁，让残疾人有尊严、有温暖，与健全人一样在这座城市中享受生活。

区残联理事长邹倩对委员们的建言作了真情回应，无障碍受益的不单单是残疾人，还有老年人、儿童、孕妇、伤病者。她表示，群众利益无小事，区残联将重点在做实理念宣传、抓好项目推动、发挥监督职能等方面下功夫，立足旧的障碍尽量改、新的障碍不产生，软硬件双提升，使残障朋友和老年人等群体能走得出、用得好，共建共享和谐社会文明成果。

杭州地铁集团总工程师张金荣深有感触地说，平时体会不到残障人士的不便，今天听了以后感到邀请残障朋友参与验收很有必要、也很重要，后续还会继续做好这件事。他还说，欢迎各界朋友一起来体验，发现有哪些地方不到位、不够好，地铁集团会及时改进。杭州公交集团来浩灿副总工程师则表示，会举一反三，对公交车站进行全方位检查，完善设施和语音报站提醒，满足特殊人群的需求。上海铁路局杭州站潘忠银副站长针对大家关注的无障碍电梯整改情况进行了说明，还介绍了设立公共第三卫生间工作，并表示将会同有关单位对自助购票机进行改造，解决轮椅乘坐自助购票难、取票难等问题。他希望残障朋友和各界人士继续关心、关注火车东站的建设、管理，一起擦亮杭州火车东站的品牌。

区委副书记、区长楼建忠在会上表示，有爱与无碍应着力体现在责任落实、规划先行、建管衔接和宣传引导四个方面。省残联理事长蔡国春说，要为“请你来协商”这张金名片点赞，为本次协商主题喝彩，为我区打造示范区、先行区鼓劲。

省政协副主席孙景淼充分肯定协商会的成果：“主题选得好，调研抓得好，建言提得好，互动讲得好，是一场有高度、有温度、有力度的协商会。”他强调，要深化认识，凝聚共识，扎实深入推进无障碍环境建设，改善残疾人生活状况。要把握机遇，乘势而上，抓住杭州举办亚运会、亚残运会的重大机遇，再接再厉，以更高标准推进无障碍环境建设。要明确目标，汇聚合力，不仅要从方便管理的角度，更要从方便服务主体的角度来推进无障碍设施联网成片。要营造环境，加强宣传，让更多人了解、支持、参与无障碍建设，让每一位残疾人都能感受到关爱和尊严。

区政协主席黄爱芳指出，本次协商会是一场省、市、区三级联动的协商，是“请你来协商·有事好商量”平台“上接天线”的一次成功实践。省市政协为我们基层政协找准工作方向、寻找可借鉴经验等方面提供了很好的指导和帮助。这次协商规格高、建言精度高、目标定位高，通过调研协商大家得以形成共识、加强共建、实现共享。最为重要的是，无论是协商主题，还是参与体验调研的委员，以及现场发言与回应的各界代表，都表达了对残障朋友的友爱和关爱。最后，她希望通过大家的共同努力，把协商的成果真正落到实处，让今天的“有事好商量”转化为明天的“有事商量好”。

成果效应

自专题协商会以来，区委区政府高度重视，2020年建立无障碍环境建设领导小组，通过区领导牵头、部门街道协同，形成上下统一、左右联动的工作阵容。由区残联牵头成立区无障碍环境促进会，协同区无障碍办开展无障碍环境体验，反映辖区无障碍环境问题和需求。

各街道和职能部门积极行动，一批无障碍问题得到全面整改，一些无障碍环境改造和示范窗口打造成功。仅 2021 年，由区无障碍办牵头，全面完成 10557 个无障碍清单问题（其中市残联排查负面清单问题 7099 个，全面自查清单问题 3458 个）的整改，完成率 100%，整改问题总数居全市之首，取得全市 13 个区（县、市）第一方阵、领跑主城区的好成绩。“杭州湖滨步行街区无障碍环境改造”“弯湾爱生活残疾人社会融合共享体”入选全国无障碍环境建设优秀典型案例。

叩问提案办理工作的进阶之道

提案办理协商是人民政协协商民主的重要形式，对于加强提案者与承办单位的直接沟通交流、提升提案办理成效具有重要意义。这是“请你来协商”平台与专题议政性常委会有机融合的能动实践，也是协商议题从建言具体工作到问道体制机制建设的有效尝试探索。

主题背景

提案是履行人民政协职能的重要方式，是为党委政府工作决策提供参考的重要渠道。新时代对人民政协事业提出了新任务新要求，区政协紧跟时代步伐，牢牢把握新方位新使命，更加注重提案这一政协履职基础性工作的提质增效，更加注重在提案形成和办理中的协商以及在成果落实中的评议，积累了很多有益经验。但对标高要求做好提案办理工作，提案办理还存在重答复轻落实、提案“回娘家”、主会办单位协同不够等现象，亟需开展专题协商，吸纳各方建议不断改进提高。

从答复型向落实型转变

提案人最关切的问题始终是提案的具体落实情况。对此，牟晓军委员表

提案办理工作专题协商会现场（2019 年 9 月 27 日）

示，有的承办单位与委员面商并在系统上提交答复后，就视为完成了提案办理任务，将面商时承诺的目标措施“束之高阁”，即使实际工作得到推进，也因无人关注，没能及时向提案人反馈，使委员留有提案“提了也没用”的遗憾。

针对牟晓军委员对部分提案工作“答得好就是办得好”现象一针见血的分析，赖晓刚委员补充道：“作为提案人，我在提案办理过程中感觉到有的提案回复针对性不强，有些以部门日常工作介绍和总结来作为答复，有些提案内容在部门年度工作中有所体现，承办单位就认为已经采纳了建议，对办理结果自行评定为‘已经解决’。”

两位委员的犀利发言让会场氛围瞬间热烈了起来。

“提案面商是办理过程的重要环节，是凝聚共识的重要保障，但很多时候主办单位和委员因时间冲突几次未能约定面谈，最后转为电话面商，影响了协商效果和提案落地。”闵涛委员直言，并建议区政协进一步搭建好“请你来协商”平台，通过多种方式加强提办双方的交流与沟通，推动提案更好落实。

张铁群委员则认为，一些提案交办不够准确合理也是提案落实较难的原因之一。他认为，部分提案“回娘家”现象依然存在，从一定程度上减弱了提案办理的意义，容易让提案委员陷入“被满意”的尴尬境地。“我是提案委成员之一，所以非常关注政协提案工作。今年有一件提案的提案人在满意度评价意见中写道：‘本提案本应由政府办牵头，多部门合力解决。然而此次由卫健局牵头，显然无法达到预期效果。会办单位虽然众多，但是多无解决提案的能力，希望以后能将提案归口到有能力解决问题的部门，暂时给予已经解决和满意的评价，我会持续关注此问题。’我举这个例子，是想要说明提案交办的重要性，只有更加精准的交办，才能在节省办理成本的同时取得最佳办理实效。”张铁群委员说道。

推动提案办理工作的真招实策

本次协商会氛围热烈民主，针对提案办理工作中仍然存在的问题，在场委员都提出了自己的意见建议。徐志忠委员建议：“延伸前期协商是提案办理进一步向质量型转变的方式之一。建议在‘两会’政府工作报告、政协暑期读书会通报全面工作的基础上，增加一些我区各项重点工作推进的专题性情况通报，丰富和拓展信息传递渠道和方式，增强提案知情明政活动成效，让政协委员能够及时了解区情政情、重点工作进展情况，更好地围绕中心、服务大局，提出符合实际、具有针对性和建设性的高质量提案。”严莺委员则从深化交办协商的角度谈了想法，她建议区“两办”和区政协提案委要做好正式交办前的组织协调工作，在深入了解提案意图和提案人意愿的基础上，根据提案内容进行科学分类，按照部门职能合理确定承办单位，力求交办方案取得各方认同，积聚力量办理提案。

“区委区政府将继续大力支持人民政协履行职能、开展工作、参政议政、建言献策，努力在解决问题上想办法，在提高委员、群众满意度上下功夫，确保政协提案办理工作扎实到位。”区委常委、常务副区长冯晶参加本次协商会并对政协委员对政府工作的关心支持表示感谢。他表示，要站在推进民主政治建设、推动重点难点工作、完善政府自身建设的高度看待提案办理工作，积极做好未解决提案“回头看”，区政府办要进一步发挥督查在提案办理工作中的推动促进作用，各单位也要进一步健全和完善提案办理责任制。

“提案工作是政协一项具有全局性、基础性和经常性的工作，也是政协委员和政协各参加单位履行职能的有效方式，在政协履职中发挥着重要作用。”区政协主席占仁义总结，“提案工作要以‘提得准、办得好、落得实’为目标，不断优化提案交办制度、压实办理责任、加大督办力度，推动提案工作从数量型向质量型转变，从答复型向落实型转变。”

成果效应

会后，区政协提案委组织召开了不同层面的座谈会和提案民主评议会，广泛听取提案人、智库成员和群众的意见建议，梳理出加强信息沟通、深化交办协商、完善办理机制、加大督办力度等四方面意见建议，并形成情况报告报区委区政府。

区委区政府认真研究采纳有关意见建议，印发《加强和改进人民政协民主监督工作的实施意见》，完善《上城区人民政府办理人大代表建议和政协提案工作规则》，落实《区政协五届三次会议重点提案区领导督办方案》，在政府门户网站对提案办理答复进行信息公开，推进政协工作制度化、规范化建设。同时加强考核激励工作，2019年度区综合考评方案调整后，将政协提案办理列为一类目标考核，增加了考核权重，进一步提高了主会办单位办理落实政协提案的积极性。

实践探索新高度

2019 年 10 月，中共中央政治局常委、全国政协主席汪洋视察我区“请你来协商”平台建设工作，现场参加我们的专题协商会，从体现社会主义制度优越性、提升国家现代治理能力的高度给予充分肯定。“请你来协商”工作进入了优化提升的新阶段。

做实垃圾分类就是提升现代治理能力

2019年10月26日，中共中央政治局常委、全国政协主席汪洋视察我区“请你来协商”区级总平台时，一场区、街、社三级联动的“垃圾分类大家谈”协商会正在隔空展开。本场协商会依托区政协“1+N+X”协商平台体系“固定+移动”“线上+线下”“会场+现场”的功能优势，充分体现了哪里有利于问题解决就在哪里协商的基本原则和政协开门协商、开放协商的鲜明特色。汪洋主席对本次协商会以体现社会主义制度优越性、提升国家现代治理能力的高度给予点赞肯定。

主题背景

垃圾分类与每个人的生活息息相关，是实现垃圾减量化、资源化、无害化的有效途径。习近平总书记多次实地了解基层开展垃圾分类工作情况，强调“实行垃圾分类，关系广大人民群众生活环境，关系节约使用资源，也是社会文明水平的一个重要体现”。

近年来，我区扎实推进生活垃圾分类投放、分类收运、分类利用和分类处置

《新闻联播》报道协商会场景

各项工作，垃圾分类的理念逐步深入人心。区政协五届三次会议期间，朱瑾等委员向大会提交的《关于进一步提升居民垃圾分类效果的建议》提案，被确定为年度重点提案，由区委副书记、区长楼建忠领衔办理。

2019年10月26日，区政协以该提案办理为切入点，召开“民生提案一起办 垃圾分类大家谈”专题协商会，以“请你来协商·有事好商量”区级总平台为主会场，并设四季青街道运新社区风雅广场和凯旋街道、九堡街道委员民情联络站三个分会场，力求把垃圾分类这一民生“关键小事”商量得真、商量得实、商量得细、商量得好。

垃圾分类我来提

作为重点提案的发起者，朱瑾委员第一个发言，直指问题核心：“这个提案重点关注垃圾的‘混装、混运’、垃圾分类设施不足和垃圾分类回收经济效益太低等问题。”区城管局负责人表示，非常重视委员提出的问题，将着重从完善顶层设计、加强执法宣传、实现“三化”要求等三方面入手推进垃圾分类工作，争取在提高分类质量、营造分类氛围上克难破题，争取在垃圾减量、资源回收上有所突破。

通过视频连线，四季青街道分会场的王华委员向主会场的楼建忠区长抛出了问题：“易腐垃圾处理主要靠外运填埋，不仅总量没有减下去，而且还增加了运输成本，请问区政府在这方面有什么考虑？”透过视频直播画面，楼

实地调研垃圾分类相关工作

建忠区长立即拿起话筒作答：“我们将在资源整合、核心环节和处置结果上继续下功夫，比如将全域统筹购买垃圾处置设备，还设想将部分易腐垃圾制作成肥料等。另外，我们还将建立制度机制，奖励垃圾分类先进单位、家庭和个人。”

四季青街道分会场不仅仅有现场提问环节，还通过大屏展示了“垃圾分类——委员在行动”的视频。从 2019 年起，区政协围绕城市生活垃圾分类组建了 10 个监督小组，组织 186 名委员开展调研监督，召开 11 场座谈会，视察 15 个社区、3 家企业、3 所学校，梳理出的 60 余条建议都被带到了协商会现场，引起了参会群众的阵阵共鸣。

垃圾分类我参与

退休党员蒋彩庭是凯旋街道南肖埠社区的一名垃圾分类志愿者，此时她正坐在家门口的凯旋街道委员民情联络站参加同步议政，并通过视频连线进行口头发言：“作为一名退休党员，我组织发动 70 余名老党员成立垃圾分类志愿者队伍，每天两次巡查小区垃圾房，推动垃圾分类逐渐成为一种新时尚。”她向区全体党员发出呼吁：“垃圾分类，党员先行！”得到了大家的一片掌声。

定时定点这一生活垃圾投放新模式也引起了大家的热议，沈晓娟委员分享了自己的调研成果：“前段时间对曙光之城小区作了调研，目前小区垃圾定时定点投放时间是上午 7：00—9：00，下午 5：30—8：00。”由于小区年轻的上班族比较多，不少居民反映早出晚归容易错过投放时间，她建议下午投放时间延迟一小时。区城管局负责人当即亮出三方面举措：“做到前期公示到位，定时定点早晚高峰现场有专人督导，根据需要设置误时投放点。”

在九堡街道委员民情联络站的沈洪亮委员交流了九堡引入第三方企业，设立低价值资源回收网点的探索实践：“我们小区的回收网点对废纸、废塑料、废玻璃、废金属等可回收物进行有偿回收，有效助推了垃圾减量。”

商业综合体客流量大、商户经营类型多样，是实施垃圾分类的重要阵地。黄晓芹委员向大家介绍了商业综合体垃圾分类的好经验：“我们和每位商户签订垃圾分类管理协议，逐户设置不同颜色不同标识的垃圾桶，还定期邀请商户开展垃圾分类游戏竞赛。”

垃圾分类大家议

“对垃圾负责，就是对我们的生活负责。”垃圾分类工作任重道远，委员们和相关部门负责人开启了头脑风暴。韩剑委员认为：“我们区的‘桶长制’是全市首创，应当进一步完善街道、社区、单位、楼宇‘桶长’责任体系，延伸党员、网格员、物业、楼道长、志愿者职能，强化入户宣传指导，把垃圾分类责任落实到每一个人。”区城管局负责人非常认同，并表示将着力延伸“桶长”内涵，真正做到资源回收、商业运作、宣传教育、便民服务一体化推进，让老百姓在家门口享受便捷的增值服务。

说到家门口的分类网点，李祖胜委员提出，垃圾处置场所的选址“邻避效应”突出。他认为老旧小区和新小区要分别出招、分别处置。区规划资源分局负责人表示在后续新小区建设审批中，将指导设计单位妥善选择地点设置垃圾处置场地，并支持和帮助城管部门加以落实，从而实现“同步规划、同步建设、同步使用”。

除了四个会场，这次协商还在微博直播间和区政协委员微信群开展同步互动。“要尽量想办法把厨余垃圾留在菜地，留在市场，少带回家，建议实行净菜上市”“骑三轮车走街串巷收废品的个人收购者仍是目前回收的主要力量，相对比较低散乱，建议相关职能部门牵头指导建立更加标准化、规范化的资源回收体系”……网上建言持续升温，全部建议都在现场大屏幕上滚动播出，汇成了全民参与生活垃圾分类的“好声音”。

成果效应

协商会召开以后，区政协认真梳理了委员和群众代表的意见建议并报送区委区政府，助推这些“金点子”落实落地。区城管局、区住建局、区规划资源分局等部门和属地街道围绕协商会有关要求，进一步深化生活垃圾分类工作，全区 202 条道路街巷，9616 家沿街店铺完成撤桶入室，200 个投放点工程项目完成改造，因地制宜、规范建设网点 43 个。

全面推行“桶长制”，实践案例入选全国“垃圾分类示范案例”，《中国建设报》报道了我区以“桶长制”提升社会治理水平相关工作。2019 年全区生活垃圾总量同比下降 2.23%，获评 2019 年度浙江省生活垃圾分类工作优秀县（市、区）和杭州市生活垃圾分类工作一等奖。

打造健康产业园联合体

上药新欣、国药控股、回音必、胡庆余堂……在上城，优质丰富的医疗资源、快速成长的医疗企业，共同勾勒出了一幅健康产业飞速发展的繁荣图景。作为上城区健康产业集聚地——小营智慧健康产业园自2017年创建以来，园区的健康科技、健康管理、医疗器械、大数据分析可穿戴设备等项目呈“次第开”之势。2019年11月21日，区政协围绕“打造小营智慧健康产业园 助推上城健康产业发展”召开专题协商会，进一步助推小营智慧健康产业园提质升级。

作为上城五大主导产业之一，健康产业的重要性不言而喻，尤其对小营智慧健康产业园的提质升级，上城政协委员们特别关注。协商会上，政协委员、相关专家及职能部门就小营智慧健康产业园建设如何发挥自身优势、整合各类资源、把握发展方向等问题开展协商探讨，场面热烈，切中肯綮。

区政协副主席马彦首先代表课题组发言：“建议在小营智慧健康产业园打造提质工作中，要营造良好发展环境、聚焦重点发展板块、搭建公共服务平台，要更好定位于特色专科发展中的核心内容、重大疾病治疗中的核心方法、最新医学进展中的核心应用，要致力于将小营智慧健康产业园打造成高端医学技术的转化平台、新型医学应用的实现平台和医学专家科研的创新平台。”

随后政协委员陆续抛出真知灼见:“上城区打造小营智慧健康产业园,区位有优势、工作有基础、发展有前景,建议接下来在运营实体化、发展精细化、服务精准化上加强引导、持续发力,将小营智慧健康产业园做大做强做实。”

政协委员现场建言

“希望能把对健康产业的规划放到健康中国的概念中去,提高站位,坚持融合发展、跨业发展、创新发展。”

“要继续梳理健康产业的前端、中端和后端,找准发展短板,然后抓落实。”

“建议抓住深化‘最多跑一次’,优化营商环境的改革契机,加强政策引导,推动政策落地。”

副区长叶榕表示,本次协商会有很强的针对性,为打造小营智慧健康产业园工作提振了信心、提振了士气、廓清了思路、明确了重点、落实了抓手,区政府会将意见建议都吸收到下一步工作中,积极优化完善智慧健康产业园和产业发展规划。

区政协主席占仁义表示,这次“请你来协商”专题协商会参与广泛、讨论深入,政协委员和行业专家提供了中肯而科学的建议,政企也实现了有效

区政府副区长叶榕讲话

的沟通。总体来说，协商主题聚焦中心，调查研究务实深入，意见建议具备可操作性，协商氛围真诚热烈，大家既畅所欲言、各抒己见又理性有度、合法依章，真正达到了“请你来协商”平台的初衷和目标。下一步，要进一步探索创新，把“请你来协商”平台建好、用好。

成果效应

协商会后，随着政协委员意见建议的逐步落实以及各方力量的持续助推，小营智慧健康产业园已逐步形成以医疗服务为支柱，以健康信息、健康金融为主导，以健康旅游、健康文化、健康养老等为支撑的健康产业新体系，并进一步调整“一圆心三区域”产业空间格局，重点围绕城站商圈、解放路、方谷园等区域做好健康产业“大文章”，探索“联动发展、产业融合”新路径。截至2021年6月，产业园健康相关类企业规模已达到723家，涵盖公立民营医疗机构、健康产业总部经济、医疗器械批发及零售、生物制药和科技研发、中医药养生及康复、健康大数据分析管理等产业前沿领域。全区健康产业增加值达130亿元，年均增长15%以上；健康产业增加值占地区生产总值比重达10%，保持在全市、全省前列。

云端战“疫”无声胜有声

网络议政、远程协商是新时代人民政协重要的协商形式，也是全过程人民民主的新时代践行。区政协充分利用“互联网＋”优势，创新在线协商新模式，通过“屏对屏”“键对键”，拓展了议政平台、拓宽了资政“言路”，有效实现民主性与开放性的统一，为助力疫情防控贡献了政协智慧和力量。探索建立的“互联网＋参政议政”模式，让政协委员思想永远在线、智慧时刻连线、联系永不断线。

主题背景

2020年初，新冠肺炎疫情让全社会“停”了下来。按照中央及省市区委关于疫情防控工作部署总体要求，如何坚持建言资政和凝聚共识“双向发力”，发挥“请你来协商·有事好商量”的平台优势，精准助推“疫情防控和复工复产”“两战全胜”，成为区政协工作靶向发力的重点。

复工复产齐发力

2020年2月23日，区政协“复工复产齐发力”协商议政微信群热闹非

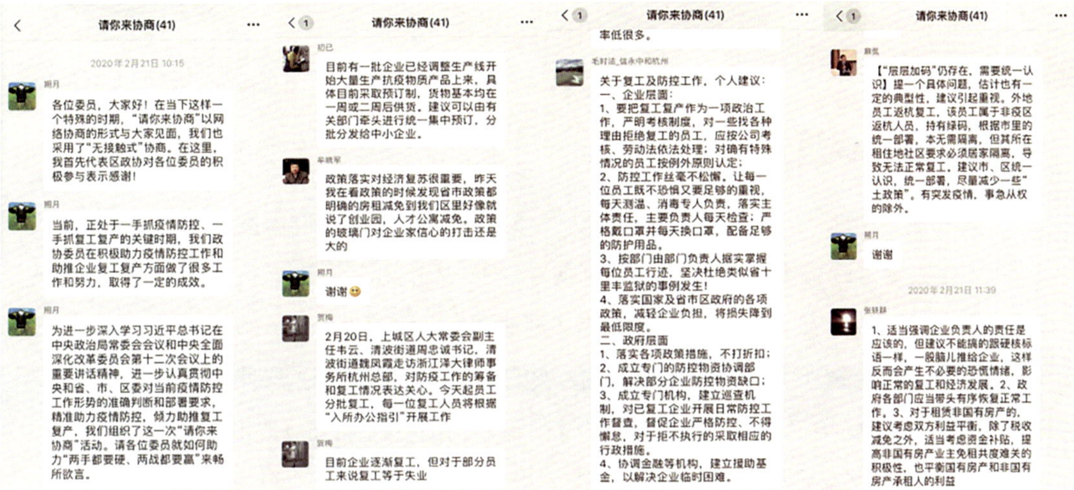

政协委员在线议政协商

凡，一场特殊的“请你来协商 · 有事好商量”正在线上“悄无声息”地进行着。白天还奋战在疫情防控和复工复产一线的区政协委员，此时敲击着键盘，与区政府领导、相关职能部门负责人“隔空”协商交流，共谋助企良方。

“建议区有关部门建立口罩、消毒液等防疫物资的采购信息库，以解复工复产企业的燃眉之急。”“建议税务部门对受疫情影响企业特别是小微企业加大财税支持力度。”“这次疫情对传统商贸企业冲击很大，但也培育壮大了电子商务、在线教育、在线办公等新的消费业态，希望我区能抢抓‘风口’机遇，加快制订规划政策，促进新零售业态做大做强。”“要加强政策支持，围绕地区特点和行业需求因地制宜地制定扶持政策，并切实抓好政策的落地，特别要防止‘政策玻璃门’。”“帮助企业建立与实际相匹配的防控体系和应急处置预案，消除企业‘焦虑感’。”“积极发挥社会组织等各群体的作用，多形式开展关心关爱弱势群体的相关活动。”……从“面对面”到“键对键”，委员们“言值”不减，“言路”更宽，委员踊跃建言 147 人次，共提出了高质量的建议 235 条，助力复工复产跑出“加速度”，“无声”的微信群充满了齐心战“疫”的正能量。

复课返校助保障

3 月 20 日晚，区政协“复课返校助保障”协商议政微信群再度开启“火爆”模式，全体政协委员和有关区政府领导、相关职能部门及街道负责人“键对键”协商，共寻安全有序复课返校的“健康码”。

“建议学校按照错峰、错区域、错层次的要求，分年级、分类别、分时段，循序渐进开展复学工作。同时，交警部门和属地街道社区加强联防联控，确保校园及周边道路交通安全有序。”

“学校和家庭需要积极应对疫情防控期间中小学生可能出现的恐慌焦虑等负面情绪，尤其是从‘停课不停学’到‘复课返校’转变过程中，应该为他们提供更多科学防疫的知识和心理辅导技术支撑。”

“建议卫健部门组织专业医务人员指导学校开展专业的防疫消杀工作，同时安排专业卫生机构开展对学校教师、校医等教职工开展呼吸道传染病防控工作的专项培训，普及公共卫生防疫知识，提高师生自我防护意识。”

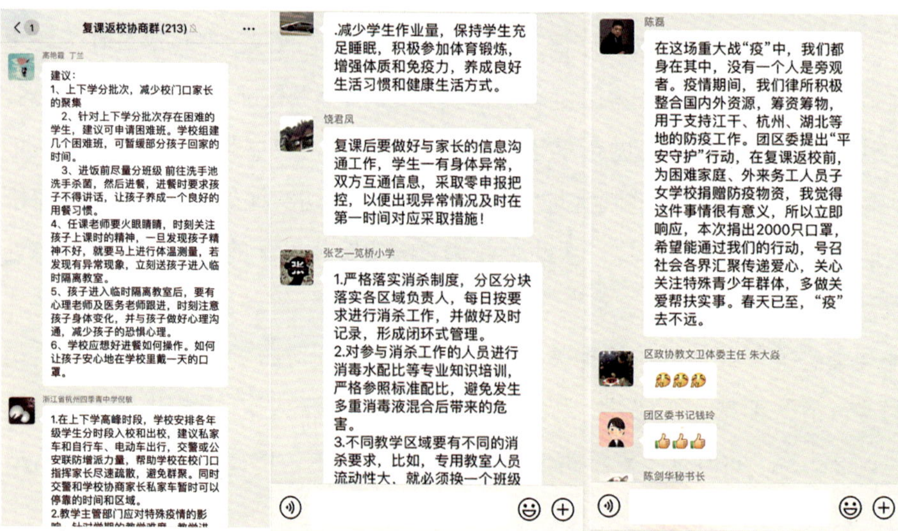

政协委员“金点子”持续“霸屏”

“建议加强学校防疫物资的安全储备和使用管理，严格落实责任到岗、到人，确保每一个环节、每一个细节到位。开学前要全面对学校教室、机房、实验室等公共教学、生活场所室内外环境进行消毒，减少开设公共课程，以避免交叉感染。”

短短一个小时，微信群里 176 条“金点子”持续“霸屏”，合力把保障“复课返校”的“安全网”织得更密更实。

副区长王跃强表示，委员们的建议为区政府持续优化“复课返校”各项准备工作提供了很好的思路，要把委员们的意见建议细化落实，加强人员力量，统筹推进复课返校工作。

“依托‘请你来协商 · 有事好商量’平台积极建言献策、广泛凝聚共识，既是我们的应尽职责，更是我们的优势所在。网络议政、远程协商会打破了时间和空间的障碍，让委员参政议政变得高效便捷，更好地把政协制度优势转化为疫情防控治理效能。”区政协主席黄爱芳表示：“这种‘无声胜有声’的在线协商已成为区政协‘请你来协商 · 有事好商量’平台建设的又一创新亮点。”

成果效应

从助力复工复产到保障复课返校再到助力提振经济，“在线协商，移动议政”已经成为区政协协商“新风尚”。聚焦党政中心大事、改革发展要事、民生改善实事、社会治理难事，区政协“大胆创新，小心实践”，用一场场高水平高质量高效率的协商活动，诠释了人民政协专门协商机构的制度优势、建言资政和凝聚共识“双向发力”的职能优势、“请你来协商 · 有事好商量”的平台优势，在“战疫情，促发展”助力“两战全胜”中唱出政协“好声音”，干出政协“新样子”。

线上协商促消费　委员化身名主播

"线上协商""带货直播"，看似毫不相干的两件事"结合"在一起，会产生怎样的化学反应？区政协"请你来协商·有事好商量"的"提振经济共助力，政协委员齐献策"微协商活动暨"浙里有好货"公益直播活动同步火爆开启。

协商背景

2020年初，新冠肺炎疫情突发，对经济和产业产生了负面影响，如餐饮、娱乐、旅游等行业的经济形势不容乐观。

黄晓芹委员所在的杭州天虹购物中心复业第一天，17个商户开业，100多名员工，一起接待了50个顾客。为进一步助力复工复产，区政协向全体政协委员发出倡议，举办"复工复产齐发力 委员线上来协商"专题协商会。协商会后，区政协委员工委牵头，会同政协四季青街道委员小组、凯旋街道委员小组，张瑞旭委员工作室和商业智库委员工作室，在杭州天虹购物中心开展"提振经济共助力，政协委员齐献策"暨公益直播活动，进一步推动协商成果落地落实，集智聚力促进我区消费。

在杭州天虹购物中心，一场协商直播会正在进行

协商场景

主题： 提振经济共助力 政协委员齐献策

时间： 2020 年 5 月 9 日

地点： 杭州天虹购物中心 B 座 1 楼中庭直播间

人员： 区政协领导，区政协办、经科委、委员工委负责人，全体区政协委员

形式： 线上直播（天虹直播平台）+ 外场直播视频，委员在线建言献策

把协商桌搬进直播间

“各位委员，大家晚上好！欢迎来到‘提振经济共助力 政协委员齐献策’协商直播间。”随着这样的开场白，区政协副主席黄国兴秒变“网红主播”在线主持，政协凯旋街道委员小组、四季青街道委员小组的委员们“一键加入”直播间，一场别开生面的直播协商会就此开始了。

委员连线协商场景

实时连线、滚动留言，委员们各抒己见，为加快推动线上消费、直播电商等新零售新贸易新业态发展，共同助力促消费献良策、谋良方。

韩剑委员连线介绍了四季青街道在复工复产、提振经济方面所做的创新举措，包括云上招商、推进商贸补助、减免租金、培育新兴网红消费等工作。

施展委员连线建议："后疫情时代，抱团协作的不仅是企业，政府也要学会转变思维，不断创新，像这次的'委员直播带货'助力扶贫和公益就是种很好的结合，也很好地参与到社会治理的方方面面。"

祝彬森委员建议："设立电子消费卡作为消费券的升级版，在需要刺激消费的时候，后台激活权限并根据特定的消费导向，在全区或全市范围内引导市民消费。"

俞鑫红委员表示："应当鼓励商家主动出击，做好宣传和销售，并结合引流模式把线上线下一并作为常态经营模式。"

首次开播的黄国兴副主席直言"非常好"。"这场微协商活动形式新、建言实、效果好，切实为提振消费、助力委员企业发展'搭好台'。要把今天直播协商会委员们的真知灼见整理好，交到党政部门的桌前案头，把建言真正落地。今后，我们政协更要不断深化创新这种'线上模式'，真正让委员议出实效，让企业有所收获。"

最美基层委员的公益直播

在直播协商会告一段落的同时，“战疫情，促发展——浙里有好货”公益直播旋即上线。全国最美基层政协委员张瑞旭与黄晓芹委员联手为区委员企业带货吆喝。直播现场不仅有 Tomic 水杯、维丽杰箱包、万事利丝绸等委员企业的产品热卖，更有“舒心缘”红十字公益项目“微心愿”认领、贵州三穗、湖北恩施扶贫产品促销、公勺公筷倡导等公益内容，直播间人气一度达千

全国最美基层政协委员张瑞旭带货吆喝
（张瑞旭，九三学社杭州市江干区基层委员会主委，2019 年 10 月获得全国“最美基层政协委员”荣誉称号）

人，十分火爆。

短短两个半小时的公益直播，总计成交 280 单，销售金额 33000 余元，贵州三穗、湖北恩施扶贫产品成交 59 单，“微心愿”认领 16 项。不仅如此，直播期间每成交一笔订单都将有 2 元纳入“舒心缘”红十字公益基金，用于为老服务的专项公益活动。“战疫情、促发展”，委员们不仅“助力经济发展我来言”，更是“提振温暖消费我先行”，用一言一行诠释政协人的责任与担当。

黄国兴副主席表示，2020 年初的新冠肺炎疫情对中国经济和产业影响显著，区政协为促进我区消费、助力复工复产开展协商，取得了超出预期的效果。协商会采用线上直播和视频连线相结合的创新形式，委员们可以“一键加入”直播间，滚动留言，还有全国最美基层政协委员做推广直播，把“带货直播”和“线上协商”两件看似毫不相干的事结合在一起，产生了奇妙的化学反应，让“移动议政”成为我区协商新风尚。本次协商会建言实、效果好，进一步推动了协商成果落地落实，提升区域发展，释放城市活力。

成果效应

依托“请你来协商·有事好商量”协商平台优势，进一步推进“复工复产齐发力 委员线上来协商”专题协商会成果落地落实，坚持建言资政和凝聚共识“双向发力”，会同区委统战部党外代表人士服务中心，通过“总平台—分平台—微平台”三级联动，携手街道委员小组、委员工作室及委员企业，共同助力促消费，为“战疫情，促发展”贡献政协智慧和力量。

一场凝心聚力的协商战“疫”

建言献策是履职成果，凝聚共识更是履职成果。作为疫后首场“面对面”协商，“战‘疫’毅行、‘疫’后重建，助力区域治理现代化”专题协商会既是一场战疫成果、战疫经验的分享会，也是一场集思广益、群策群力，共同助力区域治理现代化的“群英会”。区委书记领衔，四位区委常委联袂参加，三大篇章三种形式全景呈现，十大机制总结提炼，这场高规格、多形式的协商全面展现了区委区政府在“战疫情、促发展”“双线作战”重要课题中交出的“高分答卷”，也展示了“党政有所呼，政协见行动”的政协担当。

主题背景

2020 年，突如其来的新冠肺炎疫情，给全社会按下了“暂停键”。如何贯彻习近平总书记在统筹推进新冠肺炎疫情防控和经济社会发展工作部署会议上的重要讲话精神以及省市区委关于疫情防控工作部署总体要求，发挥人民政协“商以求同、协以成事”的制度优势、建言资政和凝聚共识“双向发力”的职能优势、“请你来协商·有事好商量”的平台优势，更加精准助推“两手都要硬、两战都要赢”，交出统筹推进疫情防控和经济社会发展高分答卷，成为摆在区政协面前

“战‘疫’毅行，疫后重建——助力区域治理现代化”专题协商会现场

的现实课题。为此，区政协开启“战‘疫’毅行，‘疫’后重建”系列协商，为区委区政府深入推进全域治理现代化建设进行深入探索。

2020 年 5 月 20 日上午，区政协召开“战‘疫’毅行，‘疫’后重建助力区域治理现代化”专题协商会，区委区政府领导及各职能部门主要负责人、各街道主要负责人与委员们面对面交流，共商我区全域治理现代化建设。

战“疫”日记，最美逆行者的情真意切

会议伊始，医卫界别委员李祖胜的一篇真情“战疫”日记，把人们拉回“战疫”第一线，回顾医卫系统委员们的“最美逆行”，感受到白衣执甲战疫情、白衣为岗筑屏障、白衣为号勇冲锋的豪迈。战“疫”日记引起了大家的共鸣，给人以身临其境的感动，特别是在“战疫”的背后，“在公共卫生应急防疫战中打响‘江医生’品牌”和“战‘疫’毅行，志愿服务在‘前线’”两大机制是疫情防控“制胜”关键。

李祖胜委员分享最美逆行——“我的战疫日记”

会议现场，孙阳和俞鑫红两位委员还分别就机关干部志愿服务机制和市民健康素养提升建言献策：

“建议机关干部志愿服务常态化；志愿者培训工作系统化，开展形式多样的志愿服务培训，提高志愿服务的‘专业属性’。”

“建议创新载体，加强宣传教育，将疫情期间倡导的一些健康生活习惯，完善并固化下来；突出重点，制定相应举措，通过有效方式让提升健康素养真正落地见效。”

委员访谈，协商小圆桌的别出心裁

进入协商会第二个环节，一场别开生面的访谈圆桌会拉开序幕。区政协副主席于广滨以“主持人”的身份开展委员访谈。

“把圆心固定在关键点上，以‘临时支部 +’模式守好三扇门”“‘五圈五防’战疫模式，打造基层治理新样板”“新生态‘三大场景’——街域协同治

政协委员访谈共话“基层治理”

理的突破之路”“‘365’防疫新模式，打造枢纽治理新窗口”……委员们的战疫经历分享引人共鸣，四项机制总结令人耳目一新。

张智利委员围绕深化“同心圆”作用提出“圆心更定”“联系更深”“合力更齐”三点建议；潘忠银委员对完善东站枢纽综合治理机制，提出优化旅客出站流线，动态调整出站核验方案等建议；高艳霞委员围绕推进“五圈五防”打造“枫桥经验”城市样板，提出健全联勤联防、聚合形成党群阵地、加快探索智慧管理等建议；沈洪亮委员从“三大场景”革新街道治理生态出发，提出建立“部门充分授权、街道综合执法”“统筹条线目标、实行统一考核”“强化数字赋能、推动全民共治”三大场景建议。

数字赋能，“化危为机”的政协方案

随着“访谈圆桌会”告一段落，画面转向中央大屏，在区城市大脑平台，

总平台与分平台实时连线

黄晓芹委员分享“直播电商”化危为机引领消费新时尚

区政协“服务企业稳经济，数字赋能促发展”协商会也正如火如荼地进行着，总平台与分平台实时连线，专题协商会秒切“线上”模式。

在分会场，智库委员们纷纷为加快城市大脑建设、奋力打造“数字治理第一城综合实验先行区”、以“六保”着力实现“六稳”、下好稳经济的“先手棋”点赞。

陈有文、宣利平、王渊和黄晓芹等四位委员分别分享了“亲清在线”用服务力度传递城市温度、零见面构建“云服务 + 网格化 + 脚底板”模式、“直播电商”化危为机引领消费新时尚、金融科技助力复工达产跑出“加速度”等四项机制，用切身的体会，为“稳经济、促发展”出谋划策。

“十项机制（模式）的提炼总结，正是这场特殊调研的集体‘答卷’，是对疫情下江干全域治理能力和现代化建设的真切思考，是为区委区政府深入推进全域治理现代化建设进行的一次理论探索。”市政协副主席、区委书记滕勇对此次专题协商会连连点赞，并对“十大机制”给予高度评价与肯定，他表示：“后疫情时代”，区政协要聚焦中心大局，不断擦亮“请你来协商”金名片，为我区争当“重要窗口”建设排头兵再添新功；要聚焦本职主业，继续探索“请你来协商”深刻内涵，打造建言资政和凝聚共识“双向发力”新高度；要聚焦“四个一线”，不断促进政协履职成效新提升，奋力展现新时代人民政协“新样子”。

“疫情发生以来，我们在组织形式和时间安排上主动求变，先后围绕‘复工复产’‘复课返校’‘提振经济’探索‘云协商’新形式，以履职新常态彰显人民政协作为专门协商机构的优势作用。”区政协主席黄爱芳表示，“如何充分运用战疫成果，全面推进城市治理体系、治理能力现代化，是当下‘战疫情、促发展’‘双线作战’的重要课题。党政有所需，政协见行动，这也正是我们今天这场专题协商会的目的和意义所在。区政协将继续发挥人民政协‘双向发力’优势和专门协商机构作用，持续助力区域治理体系、治理能力现代化，奋力完成‘下半场’任务，为高水平推进‘三个区’建设、奋力打造新时代全面展示中国特色社会主义制度优越性的重要窗口作出新的贡献！”

成果效应

本次协商会展示的政协战“疫”风采录，充分展现了全区各级政协组织和政协委员们围绕中心大局，全力服务抗疫，推动经济发展的履职风采；形成的“在公共卫生应急防疫战中打响‘江医生’品牌”“战‘疫’

毅行，志愿服务在‘前线’”“把圆心固定在关键点上，以‘临时支部+’模式守好三扇门”“‘五圈五防’战疫模式，打造基层治理新样板”“新生态‘三大场景’——街域协同治理的突破之路”“‘365’防疫新模式，打造枢纽治理新窗口”“‘亲清在线’用服务力度传递城市温度”“零见面构建‘云服务+网格化+脚底板’模式”“‘直播电商’化危为机引领消费新时尚”“金融科技助力复工达产跑出‘加速度’”等十项机制（模式），是以政协效率、政协智慧，为区委区政府深入推进全域治理现代化建设进行的深入探索，为争当“重要窗口”建设排头兵贡献了政协力量。

为育儿家庭解后顾之忧

三岁以下婴幼儿照护服务是全生命周期健康的始发站，不仅关系到家家户户的切身利益，更关系到人口的素质、国家的未来。本次协商会，聚焦“身边人议身边事”，助力化解“带娃”难题。

主题背景

2019 年以来，国务院、省、市相继出台 3 岁以下婴幼儿托育服务相关文件，这项事关千家万户的民生工作作为新时期新事物已摆上议事日程。上城区作为杭州中心城区，搭建好“政府主导、部门监管、市场运作”的平台，建设具有示范效应上城特色的婴幼儿托育服务机构显得尤为重要。区政协对此高度重视，由区政协副主席陈少华牵头组成课题组，就我区 3 岁以下婴幼儿托育服务进行专题调研，并在 2020 年 5 月 26 日召开“请你来协商”——“上城区 3 岁以下婴幼儿托育服务专题协商会”，共谋良策。

托育难，难在哪？

前期，在陈少华副主席的带领下，区政协课题组就上城区 3 岁以下婴幼

“上城区 3 岁以下婴幼儿托育服务”专题协商会现场

儿托育服务深入开展调研。陈少华副主席谈道：“我们在调研中几次走访区卫健局、区教育局等有关部门，发现缺乏完整的顶层设计。在规划上，我区尚未将婴幼儿托育这项工作纳入经济社会相关的规划；在扶持政策上，目前尚未出台相关的实施文件；在存量管理上，对 2—3 岁婴幼儿提供托育服务主要为早教机构托班、早教咨询机构托班、民办幼儿园三种类型，存在成本高、收益低、风险大等问题。”

课题组成员陆峰委员补充说：“先谈有没有，然后才是好不好、强不强的问题。据调查，我区目前没有街道、社区开设的托育机构，也没有企业登记注册托育机构。”托育服务供给不足制约了行业规模化、高质量发展。

对于众多家长而言，托育机构的服务质量一直是非常关心的话题。但托育机构管理制度存在脱节现象，具体来说，准入机制松懈、过程监管不力、评估惩处缺乏等问题不容忽视。与此同时，社会缺乏对托育的正确认知，普遍认为对 3 岁以下婴幼儿的照护偏重生理方面，对早期教育认知不足、重视不够。

有难点，怎么破？

一面是孩子的教育，一面是事业的发展，对于一个家有儿女的家庭来说，抚育 3 岁以下的孩子，给父母尤其是母亲带来了很大“纠结”，如何解决这一难题关系重大、迫在眉睫。协商会上，区政协委员和专家学者、机构代表畅所欲言，贡献了很多“金点子”。

陈少华副主席代表课题组提出了完善顶层设计、引导扶持培育并行、形成监管体系和加大宣传力度四方面建议，提议建立托幼一体、家庭模式、社区服务、社会兴办和单位自建服务五大婴幼儿托育模式。

“希望政府能够在场地、人才培训和经费上加以支持，使我区托育服务能在更高起点上发展。”“建议街道将公益性托育服务纳入社区公共服务体系，让宝宝上得了‘家门口’的托育园。”挖掘社区空余场地资源，吸引专业机构入驻，通过提供场所、人才培养、金融支持、税收优惠等政策措施，为家庭提供

政协委员建言现场

政协委员建言现场

就近方便、小型化、负担得起的非营利性托育机构这一想法，得到了在场委员的一致赞同。

“发展婴幼儿托育服务要以满足基本需求为导向。”“希望能够建立保育员、育婴员和幼教老师的长效培训机制。”“建议对家长、抚养人开展教育引导，普及正确育儿知识和理念，提高社会对幼托行业的信任度和正确认知。”“要建立婴幼儿照护服务评价体系，对虐童等行为要实行‘零容忍’，对有关机构、责任人、从业人员触碰高压线行为实行黑名单制度。”与会委员们从社会宣传、人才培养、行业监管等不同角度深度分析，对破解 3 岁以下婴幼儿托育难题、推动我区托育服务工作健康良好发展献计献策。

副区长毛素云对委员们提出的建议深表赞同，她表示，区政府将加快出台《上城区关于推进 3 岁以下婴幼儿照护服务发展工作方案（试行）》，并制定《上城区关于推进 3 岁以下婴幼儿照护服务发展三年行动计划（试行）》。同时，按照“政府主导、社会参与、市场运作”的总体思路，鼓励托育机构百花齐放式发展，进一步建立健全婴幼儿照护服务标准规范体系。“希望区政协委员能一如既往关心和支持这项工作，协助区政府切实把工作办好，不断提升人民群众的获得感、满意度。”

“这次协商会的主题是一个人人可说、人人关切的热点话题，委员的发言有很强的针对性。”区委常委、宣传部部长范卫东说道，“我们将吸收这些意见建议，形成共识，有序落实各项工作举措，推动我区3岁以下婴幼儿托育服务高质量发展。”

“近年来，计划经济体制下的机关、厂办托班渐渐减少，所剩寥寥。国家实施‘全面二孩’生育政策和严重不足的托班托位存在现实矛盾，这不仅仅关系到育龄人群生育的积极性，更关系到人口安全、经济动力和国家未来。今天我们请到家长方、园区方和相关部门，从多个角度提出看法，大家对这块工作很有感悟，对具体落地的项目也有很多期许，希望这些建议可以给区委区政府的决策提供一些参考，这也是‘请你来协商’平台的价值和意义所在。”区政协主席占仁义总结道。

成果效应

协商会召开以后，上城区持续推进3岁以下婴幼儿托育服务工作。截至2020年9月底，全区新增2家托育机构、110个托位。区卫健局牵头举办了上城区“3岁以下婴幼儿家庭教育启始计划”的启动仪式，开启“家庭教育启始计划”。6月以来已开展了4场家庭教育培训，组织5场宣传教育活动，开展6次社区健康讲座，精心编印《3岁以下婴幼儿工作导则》，向适龄婴幼儿家庭免费发放。同时牵头起草了《上城区关于推进3岁以下婴幼儿照护服务发展工作规划（试行）》，后续又出台《上城区高质量推进普惠托育服务体系建设实施办法》，加快构建布局合理、设施完善、服务便捷、保障有力的“1+14+N”婴幼儿照护服务模式（“1”即区妇儿中心增挂婴幼儿照护服务指导中心，“14”即努力打造14个街道公建民营型普惠托育机构，“N”即15分钟生活圈不同需求的托育机构和婴幼儿成长驿站），为0—3岁婴幼儿及其家庭提供专业化、普惠化、便捷化的照护服务。

“上城之上　空中坊巷”

未来社区建设是城市有机更新的有效路径。始版桥未来社区作为全省首批 24 个试点之一和唯一的省长联系项目，是展示未来社区建设的重要窗口。区政协依托“请你来协商”，让未来生活“触手可及”。

主题背景

想象过未来生活的样子吗？绿色低碳的居住环境，便捷智能的生活方式，底层是开放的商业街道，二层是邻里空间，提供养老、幼托、医疗等社区公共服务，置身顶层的长廊空间，仿佛漫步于“天空之境”……这些都已编织入始版桥未来社区的构想中。2019 年，省两会首次提出浙江要在全国率先开展“未来社区”建设工作。2020 年，我省未来社区建设试点工作全面启动，打造以人民美好生活向往为中心，聚焦人本化、生态化、数字化三维价值坐标，构建以未来邻里、教育、健康、创业、建筑、交通、低碳、服务和治理等九大场景创新为重点的集成系统。为助力始版桥未来社区建设，区政协召开专题协商会，组织委员、专家和相关单位共同畅想“未来之美”。

始版桥未来社区效果图

协商场景

主题： 始版桥未来社区建设

时间： 2020 年 6 月 18 日

地点： 始版桥未来社区展馆

人员： 区领导，区政协委员、专家代表，市建委房地产开发管理处负责人，区有关部门负责人。

畅想“未来之美”

未来已来，将至已至，始版桥未来社区正在紧锣密鼓建设中。协商会现场，与会代表各抒己见、集思广益，交流探讨始版桥未来社区的发展路径。

“‘上城之上、空中坊巷’是始版桥未来社区的特色定位。”望江指挥部（望海潮公司）相关负责人介绍项目规划情况和设计特色。作为高密度旧城中心区改造的代表，始版桥以“立体市井、立体花园、立体联通”三大核心为特色，建设开放式、多首层、高复合、集约化的社区空间。通过增加居民绿化享有率，建设现代化的智能化管理集成系统，构建社区文化地标，打造杭州“记得住过去，看得见未来”的一扇窗口。

区政协副主席周常生代表调研组汇报前期调研情况，并提出了尽早谋划运营体制机制、综合应用现有成熟技术、努力打造人文交流空间和深度融合体现集成创新等四个方面的建议。

九大场景创新集成是未来社区建设的重中之重，周春委员针对这一议题发表看法：“未来社区是九大场景的集成融合，而不是堆砌。为了实现深度融合，在方案制定时就要考虑场景融合所涉及的组织和管理模式创新，把构建九大场景的组织平台集成一个有机组织体，从而提高整体效率。”

围绕未来社区运营资金平衡问题，徐志忠委员建议探索自愿认领、服务积分、居民捐赠等模式，并引入运营商进行测算和有序规划。“可以通过新型社区社会治理新模式来降低运营成本。一是实施自愿认领机制，让社区群众认领一棵树或者一片绿化，降低养护成本；二是实施社区服务积分制，发动社区居民参与社区服务；三是实施居民捐赠制度，提升社区资金使用效率。同时，要及时引进运营商，对于社区运维进行资金测算并提出合理化建议，从而为今后运营资金平衡打下科学的测算基础。”

交通建设是体现社区开放、便利的主要着力点之一，对居民日常出行体验起着决定性作用。杨杰涛委员关注交通建设这一方面，认为应以大社区一体化思维进行全面规划，建议建设非机动车专用道、引进步行电梯、扩大塑胶跑道利用范围和提高无障碍交通设计标准。

专家代表孟琦丰提倡，应从源头激发未来社区的内生能力，激发社区主人翁的主体能动性。“要提升社区居委会的自治能力，提升居委会、业委会、物业公司‘三驾马车’的协商能力，提升睦邻公共空间的引领能力。”

“始版桥未来社区建设对政府而言是一次城市经营的变革，对百姓而言是一次生活的升级，对企业而言是一次产业创新的转型。”“要强化文化元素特色，加强始版桥当地历史文化的挖掘力度，努力把未来社区打造成为文化底蕴深厚的人文空间。”“建议在建设过程中注重政府和市场的作用，学会利用资本和证券运作。”“未来社区建设要留有空间，增加社区空间的弹性和转变可能。”……政协委员和专家代表从不同角度对始版桥未来社区建设展开了畅想，提出了真知灼见。

未来生活“触手可及”

协商会上，区住建局、区城管局、区规资局、望江指挥部（望海潮公司）等相关单位积极回应交流，并表示将坚持以人为本原则，合力推进始版桥未来社区建设，全力打造浙江“未来社区”的国际化样板区。

望江指挥部（望海潮公司）相关负责人表示将集中优势力量，优化施工方案，确保项目高效有序推进。同时加强运营治理研究，借力社会力量和社会资本同步推进社区服务功能和治理水平整体提升。加强创新发展力度，依托智库力量加强调查研究和运营设计，实现建筑品质、运营管理等方面的综合提升。

区委副书记、区长金承涛对委员、专家提出的意见建议给予充分肯定，表示要高度重视政协协商工作对于推动始版桥未来社区高品质建设的重要性和必要性，广泛吸纳与会人员宝贵的意见建议，进一步补齐未来社区建设和后续管理运营各类短板，为全省乃至全国未来社区智慧治理提供上城经验和样板。

“‘安得广厦千万间’是中国文人名士的家国情怀，我们今天也是以一种‘为民尽责’的担当和情怀进行履职建言。从去年的‘老旧小区微更新’到‘始版桥未来社区建设’，区政协持续关注民生‘一枝一叶’，助力百姓‘一米一粟’，充分发挥‘请你来协商’平台的作用，切实把智慧汇聚到解民忧纾民困暖民心上来。”区政协主席占仁义表示，“区政协将持续关注始版桥未来社区建设工作，相信在区委区政府的领导下，在社会各界的共同努力下，未来的始版桥将成为上城一张靓丽的金名片。”

成果效应

协商会后，区住建局、区城管局、区规资局、望江指挥部（望海潮公司）等相关单位紧紧围绕协商会上提出的相关要求，积极吸纳委员、专家提出的意见建议。始版桥未来社区建设入选省发改委“未来社区最佳实践”专题案例分享，并在由省发改委、省发展规划研究院联合编写的《未来社区：浙江的理论与实践探索》一书中作为经典案例得到呈现，相关展馆获得“2020杭州最具品质体验点”的称号，并在全球私募基金西湖峰会上获得“未来社区，杭商之家”授牌。同时，实现了容积率、绿化指标等技术指标的突破创新。

“老居民”乐享“新生活”

老旧小区改造是摆在党委政府面前的一道判断题、必答题和选择题，要答对、答好、答到群众心坎里。为提升协商参与度，本场协商会在线上进行了同步开展，此次专题协商直播间参与人员5.4万人次，微博阅读量3.6万人次，委员微信群参与77人，建言186条。

主题背景

停车困难、消防通道被占用、社区配套功能短缺、外立面破损、管线凌乱、平改坡漏水、绿化景观杂乱……随着“年龄”的增长，我区不少老旧小区空间和功能弊端日益凸显，不仅成为困扰居民的一桩心事，也成为现代化城市社区治理的一大“心病”。老旧小区改造关乎大民生，自2019年以来，我区以提升居民生活品质为出发点和落脚点，把老旧小区综合改造提升作为城市有机更新的重要组成部分。2020年全区全面启动老旧小区综合改造提升三年行动计划，共涉及72个小区、883幢、44581户，总建筑面积272.5万平方米，总投资约8.3亿元。旧改工作时间紧任务重，为助力区委区政府打好老旧小区综合改造提升攻坚战，2020年6月30日区政协召开“商以求同、协以成事——老旧小区改造大家谈”专题协商会，组织政协委员、有关部门和社区为改善老旧小区居民生活环境，提升居民获得感和幸福感出谋划策。

闸弄口街道红梅社区

老旧小区改造“大会诊”

协商会现场，副区长施红星介绍了我区老旧小区综合改造提升工作计划，区政协副主席于广滨代表课题组汇报了前期调研情况，提出“以民主促民生，在认识上有新站位；以实用促实效，在功能上有新保障；以文化促文明，在特色上有新亮点；以精细促精致，在品质上有新提升”四点建议。

围绕“求同化异、凝聚共识”这一议题，闸弄口街道天杭社区书记朱鸿琴结合自己的工作体会发表看法：“旧改工作我们要答好三道题：广泛听取民意，做对判断题；改善基础设施，做实必答题；挖掘本土文化，做优选择题。”

张瑞旭委员认为，要建好用好三平台，依托社区“四问四权”机制平台广泛收集民意，用好政协民主协商平台协商解决意见分歧，发挥旧改议事厅平台作用实现共谋共建共享。

聚焦“项目统筹、工程推进”，凯旋街道南肖埠社区居民代表朱红珠说：

“希望在改造过程中能够确保质量、确保文明施工，降低对居民日常生活的影响，重点对社区的停车位进行再优化。”

毛江文委员也认为老旧小区改造应把改善居民“停车难”作为重要改造项目，建议通过空地盘整、重新施划来合理增设停车位，打开小区围墙、整合空间从而增加停车位，通过引入智慧管理、规范停车秩序以达到使用效率提高的目的。

尹兆青委员主要关注配套服务建设方面：“可以结合社区特点，完善公共服务基本内容；积极前置谋划，促进公共服务软硬兼容；顺应时代发展，深挖空间拓展潜力。”

姚倩委员则从文化传承展示的角度交流了看法：“钱塘情怀承载旧房子的时代记忆，要在旧改过程中注重旧改文化展示的整体性。”

针对“建管衔接、长效管理”，杭州和瑞生活服务有限公司负责人张扬从物业管理视角给出三点建议：建管衔接前置、旧改工程模式多样化和前介规范化。采荷街道青荷苑社区书记孔麒表示，采荷街道老旧小区“金牌管家”社会治理服务项目初步实现了“低收费高标准、小社区大治理、老小区新气象”，建议其他老旧小区也引进“金牌管家”管理方式，鼓励“金牌管家”在科技转型方面进行探索和实践，同时行业主管部门应加大监管力度、完善相关管理机制。

“老破小”变身“精致美”

区住建局负责人表示，下一步将按照“先民生后提升再配增”原则，先补齐民生短板，再结合居民意愿和小区条件进行提升性改造和亮点打造。重民意，通过入户宣传、问卷调查、恳谈会、“周三访谈夜”、邀请居民参与方案讨论等多种形式，使小区改造更接地气、更贴民生；解难点，保障消防、安防、雨污分流、上改下等基础类必改项，确保解决居民最关心、最迫切的难热点问题；补功能，积极探索通过加层、地下挖潜、公房腾挪、空地盘整等方式拓展

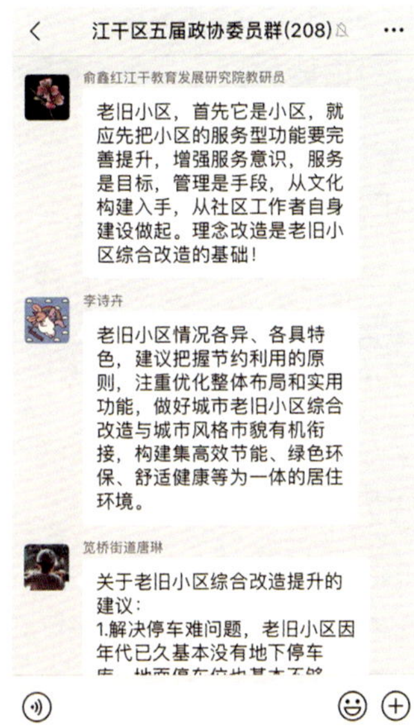

本场协商会在直播间和政协委员微信群同步开展

公共空间、优化资源配置，增加停车、托幼、养老等场所，并依托数字赋能适当引进智慧化的场景和服务，使老小区生活更便利、业态更丰富。

区城管局、闸弄口街道、采荷街道等相关负责人认真回应了委员们的意见建议，并表示在区政协和各位委员、居民代表的关心、支持和帮助下，有决心、有信心把老旧小区改造提升这项民生工程推进好、落实好，大力推进“老破小”向“精致美”的“华丽变身”。

区委副书记、区长楼建忠对政协委员和各界代表的建议给予了高度评价，并精准总结我区旧改工作的三点核心要义，即：必须明确意义和背景，以增强政府推动旧改的自觉性；必须明确途径和内容，以增强政府推动旧改的精准性；必须明确难点和堵点，以增强政府推动旧改的清醒性。此外，楼建忠区长还希望老旧小区改造工作的难点和堵点能成为委员们持续关注的热点和焦点。“旧改工作就是要依靠政协委员们广泛的意见和建议、持续的监督和督促才能行稳致远。”

区政协主席黄爱芳表示，老旧小区改造工作中聆听群众心声，集中把群众遇到的问题一次性解决，是政府为群众办实事的根本体现，也是政府回应群众关切的重要方式。本次协商会集众智，广泛听取意见，希望协商成果让老旧小区焕发出新的生机，让居民幸福感原地升级。同时对后续进一步跟进我区老旧小区改造提升工作提出建议，要用好专题协商成果，做实建言落地“后半篇”文章；要发挥平台优势作用，持续助推旧改工作；要聚焦“十个重点突破”，擦亮专门协商机构牌子。

成果效应

本次专题协商会召开以后，区政协对协商成果的落地见效进行了持续跟踪，区委区政府高度重视，区住建局、区城管局、区规资局等部门和有关街道积极推进老旧小区更新改造工作，全力打造设施完善、环境优美、人文彰显、功能齐全、管理有序的现代化宜居社区。2020 年我区实施 10 个老旧小区综合改造提升项目，共涉及房屋 286 幢、14165 户，建筑面积约 94.8 万平方米，总投资近 3.3 亿元。凯旋街道景芳二区环境提升工程，入选 2019 年老旧小区改造工作最佳案例；闸弄口街道三里亭苑三区、四区（红梅社区）被评为 2020 年度杭州老旧小区综合改造提升工作最佳案例，并入围浙江省建设厅与浙江日报联袂推出的“旧改看‘浙’里邀您来点赞——城镇老旧小区改造实践典范案例”；红梅未来社区入选 2022 年度浙江省首批未来社区名单。

打造宋韵“清明上河图”

2020年3月，浙江省全面启动高品质步行街建设试点，清河坊街区名列其中。为擦亮清河坊这张吴山商圈的金字招牌，让老街焕发新生，区委点题，将打造清河坊品质步行街列入年度协商计划。本场协商会既是对清河坊过去二十年发展状况的把脉问诊，又是合力推动河坊街再次精彩亮相的蓄势添力。

主题背景

自五代、南宋以来，清河坊地区就是杭州的政治、经济、文化、商业中心。时至今日，依旧演绎着庭院深深的意境、灯火阑珊的醉意、水榭楼台的古韵。街区现有企业500余家，集聚了胡庆余堂、西泠印社等40余家百年老字号企业，方回春堂、朱炳仁铜雕等国家、省、市级非遗企业20余家，麦当劳等国际品牌连锁企业和一些本地特色旅游产品企业，形成了中医养生、特色餐饮、文化非遗、酒店民宿等具有区块特点的业态布局。但随着形势的发展，历史街区由传统的古街管理模式向现代文旅运营平台转型的需求日益迫切。为助推创建省级高品质步行街，区政协组织委员们组成课题调研组，与相关单位进行座谈交流，走访街区部分商家和原住民，形成调研报告，并于2020年7月6日举行了“打造清河坊高品质步行街”专题协商会。

清河坊夜景

清河坊街区

清河坊开街近20年来先后荣获中国历史文化街区、中华老字号第一街等称号，在国内外有较高知名度，同时也是不少委员家门口的历史小街，在高速发展的杭州市中心留下了深刻的时代印记。改造提升清河坊，委员们热情高涨，在会上各抒己见、热切交流，提出了许多意见建议。

跟上时代的“风口”

协商会上，区政协副主席俞朔代表课题组，总结了前期的调研成果，从拉高标杆、把准定位角度，做了个漂亮的开场白。他强调，要以“窗口”标准扛起责任，围绕习近平总书记赋予杭州的历史定位，把河坊街打造成古老又年轻、包容又执着、宜文宜游又宜业的历史街区、都市街区、幸福街区。

对此，陆峰委员非常赞同，她说：“要对标上海外滩、南京夫子庙进行提升打造，重点突出可展示、可体验的特点。”

区政协副主席袁巧玲为街区治理出了个点子：进一步理顺街区管理体制，调动行业协会、商会联盟的力量，激发商业主体的主动性。

麻侃委员认为，要吸引客流必须让历史街区融入5G时代的潮流，让5G服务于街区治理、商家经营和游客体验，同时利用5G技术进一步开发虚拟旅游产品。

坚持公益事业的张艺群委员接着说道，街区应坚持以人为本，设立小型聚集性休息区和零散休息点，特别要增设盲道、无障碍通道等设施，使残障特殊人群更为便利舒适地享受街区休闲生活。

街区要兴旺，交通布局非常关键，陈伟刚委员发言道：“要完善大交通和小支脉，建立街区交通微循环系统，合理设置公交、街区巴士、自行车等点位，让绿色出行更便利。”

打上文化的烙印

清河坊街区提升硬件设施的同时，要谋划独特的文化韵味。围绕打造文化旅游胜地，委员们展开了热烈的讨论。

“不但要积极宣传南宋皇城御街，还要在街区范围内营造‘皇城根儿’的氛围，突出市井味。”闵涛委员首先发言。

区政协副主席陈少华对南宋文化研究颇深，他建议，通过沉浸式体验，充分展示南宋文化的独特魅力。比如：着重打造以看一台戏、听一部曲、尝一桌菜、品一壶茶、观一次展为主要内容的“45 分钟慢生活”系列品牌，让游人可游、可食、可看。

吴坚委员为增加游客体验感提供了新的思路，他说：“可以与顶级品牌合作，定制高品质、南宋味的高端民宿，让游客慢下来、留下来。还可以开发中医体验项目，让游客感受中医药文化的独特魅力。”

媒体从业者朱盈委员补充道：“要挖掘好街区历史故事，比如清河坊名字的来源、阜康钱庄的前世今生等，保护好清河坊历史街区的坊巷地名，以各种形式讲好发生在清河坊的南宋故事、杭州故事。”

课题组成员认为，应该通过恢复德寿宫遗址，设立惠民路的龙翔宫、后市街的惠王府、上华光巷的开元宫、太平巷的清河郡王府等标志标识，加强对街区中形成的无形文化的保护，为居民和游人怀古追今提供物质依托，引发人们对街区文化的思考。

“打造‘巷子里的直播间’，推广线上营销、直播带货等商业模式”“关注市井、民俗文化的传承”“做好灯光规划，繁荣夜间经济”……委员和专家代表以及商户代表提出了规划建设、业态提升、智慧赋能、综合管理等方面的意见建议。

区委常委、统战部部长来剑波和副区长毛素云表示，在下一步的提升创建工作中，将充分吸纳这次“请你来协商”的意见建议，全力推进高品质步行街创建，交出一份满意答卷。

“主题聚焦中心，调研务实深入，建议具体可操作，氛围真诚热烈。”区委书记陈瑾点赞此次协商。她说，在疫情防控常态化的特殊背景下，全区发展形势复杂严峻、攻坚任务日趋繁重，实现既定目标并不轻松，更加需要集聚方方面面的智慧和力量。希望区政协继续利用“请你来协商”平台，丰富协商形式、拓展协商内容，积极建言献策，为打造“重要窗口”、高质量推进一流的国际化现代化城区建设作出新的更大贡献。

区政协主席占仁义总结：“委员们畅所欲言，提出了很多操作性强的意见建议，为清河坊历史街区品质提升工作助力。今后，区政协将进一步发挥委员优势，聚焦中心工作，建言资政和凝聚共识双向发力，助推区委区政府工作。”

成果效应

协商会后，清河坊历史街区逐步实施南宋记忆馆、南宋御街陈列馆、街区商业业态提升，街区智慧旅游、文化场馆、鼓楼特色剧场、街区景观节点提升，推动南宋皇城小镇客厅等多个建设和改造项目，从合理规划、优化环境、提升品质、彰显特色等方面建设清河坊高品质步行街区。2021 年 1 月，省商务厅等 11 部门根据《浙江省推动高品质步行街建设实施方案》，按照高品质步行街“历史有根、文化有脉、商业有魂、经营有道、品牌有名、数字引领”的标准，公布了首批浙江省高品质步行街名单，清河坊步行街等 10 条步行街榜上有名，成为展示杭州历史文化底蕴的靓丽窗口，提升杭州国际化品质的重要地标，引领时尚潮流、品质生活的文化高地及带动消费升级的全新平台。

营商环境再助力

> 楼宇经济是我区最宝贵的资源，最强的税收贡献，最靓丽的城市风景，最能体现现代化中心区的内涵和承载力。本次协商会是对“打造民营经济发展环境第一区”的再协商、回头看，同时也为区域经济高质量发展唱响了“协奏曲”。

主题背景

我区楼宇经济 2008 年开始起步，经过十余年发展，全区楼宇工作在做大规模、做强特色、做优服务等方面取得了较好的成效，2017 年、2018 年连续两年被《中国楼宇经济蓝皮书》评为“中国楼宇经济十大活力城区”。截至 2019 年，全区竣工楼宇 135 个，总建筑面积超过 1100 万平方米，楼宇面积位居杭州市第一。2019 年全区楼宇总税收达到 78.9 亿元，占财政总收入比重高达 41.3%，实现税收超过千万元楼宇 73 个，超过亿元的楼宇 13 个；楼宇每平方米年税收达到 1800 元左右。楼宇经济已成为推动全区经济发展、增加区级财政收入的重要支撑。2019 年，区委书记滕勇领办了区政协“打造民营经济发展环境第一区”年度重点提案，主动出题、全程参加了区政协常委会“打造民营经济发展环境第一区”专题协商会。“促进我区楼宇经济提质增效”被列为区政协的 2019 年度重点调研课题。2020 年 8 月 7 日的这场专题协商会选址钱江新城 CBD 平安金融中心，头脑风暴、民主议政，畅谈全区楼宇经济发展广阔前景，为提升营商环境回头看、再建言。

实地视察现场

协商走进 CBD

委员们实地察看中天钱塘银座、平安金融中心，亲身感受了杭州的变迁发展。从西湖时代迈向钱塘江时代，一个城市新中心、国际新窗口、交通新枢纽、创业新天堂的崭新区块拔地而起，钱江新城从菜地变成了 CBD。在国际标准化会议基地 19 楼窗前，高端楼宇的华丽倩影和远方美不胜收的天际线，见证了协商的精彩瞬间，委员们从聚焦中小企业发展到金融集聚区建设，从金融助力楼宇企业发展到促进直播经济和楼宇经济融合发展，齐心合力献良策建良言。

经济离不开产业，从事直播电商的资深专家陈瑞贵委员率先打开了“话匣子”：“差异化服务的核心理念是降低成本、提高营收，将有限的楼宇资源投入到相对集中的主导产业上，明确产业定位，形成清晰的产业链。”

梅海英委员立足本职，从“减税降费”专业角度出发，就楼宇的产业培育提出建议。

林影委员表示：“提升楼宇经济，要发挥好金融机构的作用，在支持楼宇重点项目建设，加强结汇便利性等方面下功夫。”

政协委员建言

盛露青委员表示：“要加大头部企业引进力度，提升楼宇能级。”

在钱江新城办公的赵永庆委员，从对标国际标准的角度，建议加强楼宇经济软环境建设，特别是对教育、医疗、公共服务的配套提出精准建议。他提到的要提升楼宇服务质效的建议得到了众多委员的认同。

楼宇经济再发力

楼宇专家夏效鸿现场点评

全国研究楼宇经济知名专家、市政府研究室处长夏效鸿深受现场气氛感染，即席点评，从全国楼宇经济发展形势开篇，指出楼宇经济已从“素描写意”的 1.0 时代迈入了“工笔细画”的 2.0 时代，从“一枝独秀”到“春色满园”，进入高质量发展新阶段。江干区作为杭州城市新中心、楼宇经济主战场，可以借鉴先进地区的经验，加强顶层设计，引领质量、效益、动力“三大变革”，构筑“产业、要素、人才”三大高地，注重从“楼宇建设时代”迈向“楼宇运营时代”，强化“亩均效益”理念，以亩产论英雄，优化楼宇产业，做强楼宇经济，打造有城市温度的楼宇经济新样板。

区政协副主席杨渭贤代表课题组介绍前期调研情况，在充分肯定上年工作的同时，就进一步优化民营经济发展环境、促进楼宇经济提质增效提出“彰显新标杆、做实高标准、完善产业链、提升承载力”四个方面的建议。各位副主席也从建设品质、招商引资、招才引智、精准服务、优惠政策等方面建言献策。

本次协商会，现场气氛热烈，委员踊跃建言，区政府领导和部门负责人积极互动。部门负责人表示，委员的真知灼见有的已经落实，有的正在谋划，一定提高站位，让楼宇经济成为最亮丽的风景、最大的增长点、最强的税收贡献。

副区长范朝辉对楼宇经济发展工作专业精通，对委员提出的建议一一回应。他指出，要强化认识，领悟楼宇经济核心要义，积极向上对接，挖掘潜力板块、潜力产业，推动重大项目落地；要提升能力，优化标准制订，突出“以亩产论英雄”，提高楼宇贡献率；要创新服务，进一步推动差异化服务，降低企业运营成本，推动楼宇经济高质量发展。

区政协主席黄爱芳主持协商会，对委员的建言表示感谢和肯定。她说，楼宇是主城区的经济基础命门、主要抓手。要以窗口意识，坚定优环境、促发展的信心决心；要以窗口标准，强化优环境、促发展的责任担当；要以窗口站位，聚焦优环境、促发展的“双向发力”。按照“四个一线”的要求，搭平台、优调研、精准建言，把楼宇经济的好经验、好做法宣传好、推介好。

成果效应

协商会后，区投促局按照区委区政府的要求，正式发布和启动实施《楼宇平方效益评价规范》杭州市地方标准，为全省楼宇经济的提质增效提供范例，我区也持续被《中国楼宇经济蓝皮书》评为“中国楼宇经济十大活力城区”。楼宇产业集聚进程加快，钱江新城总部经济能级显现。重大项目建设提档加速，新鸿基江河汇城市综合体开工、一汽奥迪全国销售总部落地，中国能建“‘一带一路’中国城”、物产云商等一大批重大项目有效推进，为楼宇经济发展注入了强劲动力。

畅通社会治理现代化的“毛细血管”

2020年初，一场新冠肺炎疫情牵动了基层治理的“痛感神经”。区政协第一时间组成课题调研组，就疫情常态化背景下如何更好推动社区治理相关工作开展了为期3个月的跟踪调研，并于8月31日召开“区域社会治理现代化过程中社区治理”专题协商会，探索社区治理现代化的实现路径。

小区大事的治理答卷

社区治理体系和治理能力的提升，是国家治理体系与治理能力向现代化纵深发展的微观呈现，在一定程度上代表了一个地区的社会治理水平。协商会上，课题组、政协委员和社区代表聚焦社区治理层面的治理主体、治理手段、治理导向等方面，纷纷畅所欲言，提出了很多言有所值、资有所用的意见建议。

在治理主体方面，培育和激励多元主体参与社会治理成为与会人员的共识。“要把社会组织培育作为社会治理的重要内容来抓”，区政协副主席袁巧玲代表课题组提出建议，她认为：“要建立社区能人挖掘机制，做好对辖区单

“区域社会治理现代化过程中社区治理”专题协商会现场

位、在职党员、业委会的资源梳理和专业能力挖掘，建立社区智库，通过能人影响带动更多社区居民参与到共建共治共享的基层社会治理中去。”陶宏莉委员和何奇委员则一致认为，应深化业联体建设，通过提升业联体的治理效能来促进社区治理。

在治理手段方面，各界代表提出了许多真知灼见。作为街道党工委副书记，童邵恩委员常年坐镇社区治理“前线”，他说：“数字化治理是基层社区治理的重要手段，要通过数据归集、流程再造和数字化应用场景建设，让数字赋能社区治理，真正使社工减负、治理增效。”

律师麻侃委员建议：“希望通过区块链技术来有效整合法律服务实体的碎片化工作时间，将律师律所推动社区治理现代化的作用更好发挥出来。”

社区代表、婺江社区书记荀筱筱则认为要加大年轻社工的培育培养力度，建议试行“以师带徒”培养模式，让社区治理的行家里手从社区班子扩展到条线社工，全面提升社区工作者队伍能力素质，从而提升社区治理水平。

在治理导向方面，与会人员认为应进一步树立以群众需求为导向的治理理念，让协商治理成为常态，统筹治理成为共识，营造共建共治共享的社会治理氛围。

委员们还提出，要重视社区的文化传承和文脉梳理，挖掘培育社区特有的文化属性和标签，树立社区治理的人文理念，引导居民形成对共同生活区域的眷恋之情，增强归属感和幸福感。

做大基层治理“朋友圈”

面对委员们的“真言良策”，现场的职能部门也进行了真诚回应。

区委政法委负责人表示，近些年，上城区按照自治、法治、德治“三治融合”思路，将社区治理的工作重点放在治理体系扁平化、工作流程规范化、服务管理精细化三个方面，取得了阶段性的成效，但在统一思想认识、理顺指挥体系方面还有提升的空间。对于下一步工作，政法委将着重在明确网格功能定位、夯实全科网格队伍、建好综合指挥队伍和抓实部门责任上下功夫。

区民政局负责人也提出了推进基层社会治理体系改革、加大社区治理资金资源投入、加快推动社区“云治理”、强化社区治理工作支撑四方面的举措，秉持“人人有责、人人尽责、人人享有”的治理理念更好建设基层社会治理共同体。

副区长毛素云谈了三点体会：社区治理工作要做好“统”的文章，加强“专”的力度，突出“改”的决心。

区委常委、组织部部长王歆表示，委员们的意见建议，对社区治理工作的提质增效有很大的参考价值，区委区政府会充分吸纳这次协商会的成果，全力推进我区社区治理现代化和社会治理标杆区建设工作。

区政协主席占仁义对协商会作总结：“人民政协是国家治理体系重要组成部分，作为专门协商机构，我们就是要切实站在社会治理现代化的格局中思考谋划、推进履职。这次协商会主题鲜明、意义深刻，会上的意见建议精练明确、具体可行，充分体现了区政协在服务推进治理现代化中的担当作为。”

成果效应

协商会召开后，区委政法委牵头，相关部门积极落实委员们的意见建议。实施基层党建聚力赋能社区治理十大行动，在全区 489 个小区成立小区综合党委，覆盖率逾 90%。探索开发“红色十二时辰”数字党建应用场景，作为组织系统首批区县（市）应用场景在全市数智组工大比武现场演示发布。深化社区队伍建设，2021 年 3 名社区书记被评为省市治社名师，8 名社区书记获评省市“两优一先”。创新实施“一表通”应用场景，为基层工作减负提质增效赋能，由市委办公厅牵头进行全市推广，并相继获得省委书记袁家军、时任省长郑栅洁批示肯定。加大社会组织培育力度，截至 2021 年底，社会组织发展基金会共投入 700 万元公益服务资金，资助 92 个公益服务项目，孵化社会组织 1100 余家，培育枢纽型支持性社会组织 200 余家。同时，在社区协商自治、社区空间营造、本土专业社会工作人才培养等社会治理领域形成了“多彩公益”“业委会自治能力建设”等一批有影响力的专业服务品牌。

聚焦小切口 助力大改革

> 坚持提升企业和群众满意度这一根本导向，牢牢把握商事登记“细节”，力求将“最多跑一次”改革成效真正体现在企业和群众能够切身感受到的实处。

主题背景

2016 年省委经济工作会议拉开了浙江“最多跑一次”改革先行先试的序幕，2017 年、2018 年的省政府工作报告对纵深推进“最多跑一次”改革作出部署、提出要求。我区全面贯彻落实省、市有关“最多跑一次”改革举措，陆续推出全省首张区县级“最多跑一次”清单，全省首个“颗粒化”办事指南，在主城区率先实施了“受办分离”无差别服务，推广“模拟审批”机制，“最多跑一次”改革取得阶段性成果。2020 年区“两会”期间，民盟区基层委提交了《关于完善“最多跑一次”中商事登记工作的建议》集体提案，被确定为年度重点提案。2020 年 9 月 9 日区政协依托“请你来协商 · 有事好商量”平台对该重点提案开展了“完善‘最多跑一次’中商事登记工作”重点提案办理暨“请你来协商·有事好商量”协商会。

区行政服务中心办事大厅

酒香也怕巷子深

“‘最多跑一次’是为了让数据多跑路，让群众少跑腿。但从目前来看，此项改革的宣传引导还不够深入，老百姓只对其有一些感性认识，对具体的办理流程的简化和程序的便利性并不十分了解。”朱瑾委员在前期调研的基础上，率先发表了自己的看法。

谈及“最多跑一次”改革的社会知晓面问题，缪渭川委员接话补充道：“‘最多跑一次’的前提条件是申请材料齐全、符合法定程序，但调研中我们发现，目前仍有企业因材料不齐全、不符合法定程序等原因而难以实现‘只跑一次’的目标。”

对此，郑君辉委员建议：一方面可以通过大众媒体宣传，以短信、微信等方式对进入辖区用户推送链接和小程序；另一方面要对“最多跑一次”具体工作流程进行针对性宣传，通过条目检索式的引导，让老百姓遇到问题时可以及时获知办理途径和所需材料。

“在‘最多跑一次’实际操作中，很多老百姓对网上操作还存有一定的顾虑和戒心。对第一次接触系统的人来说，系统操作不明了，如果没有帮助指导，很难自主完成全程操作，感觉没有安全感。”提案执笔人胡丹丹直言，如何切实提高“最多跑一次”改革用户体验度，是她十分关切的问题。

经过一番热切讨论，委员们认为在群众办事顺畅舒心方面，还存在两个问题：一是网上申报步骤不够简明；二是“网上办”覆盖面有限。

针对这一问题，傅渊委员建议：“进一步简化合并各类工作流程，尽量减少申请人提交材料的种类和系统操作繁琐度。”“针对实际工作中出现频率较高的问题，希望有关部门可以在系统中增加醒目的提示信息。”陈有文委员补充道。

面对委员们的问题和建议，区审管办负责人表示，改革不进则退，区审管办将进一步健全“亲清 D 小二”工作机制，由 41 个审批部门和街道的 93 名业务骨干组成“亲清 D 小二”队伍，通过全天候政策宣讲、在线辅导、沟通协调、解决问题等持续扩大“最多跑一次”改革的宣传引导。同时，组建起一支适应线上思维的“云端队伍”，改变单一服务功能，实现 15 分钟内线上咨询响应、24 小时内疑难问题跟踪的“陪办式”服务，切实提升“网办”一次通过率和办事群众体验感。

让改革释放最强能量

如何规避“小胜即安”的改革疲劳症，推动改革工作再造新动力，俞鑫红委员一针见血地点出问题：“我认为各部门之间的协同度有待提升，如涉及‘一件事’集成办理，申办人不能在网上随时查询办理进程。又比如，在部门探索联动共享数据中，网络与数据安全问题凸显，信息技术安全体系有待健全。”对此，区审管办坦诚应答，表示将在下一步工作中加强“数据跑路”效果，实现更广领域的数据集成，为大数据运用与分析奠定基础；加强政府部门申报系统的人性化设计，确保重要参数无遗漏、操作方便、容易识别；同时进一步提升信息系统的技术保障，消除对于数据泄露的担忧。

“作为一项真正以实现人民群众获得感为出发点落脚点的改革、一项牵一发而动全身的重大集成改革，深入推进‘最多跑一次’改革，由不得凌空蹈虚，必须快干、实干、会干。”区委常委、常务副区长沈燕俊表示，政协委员们的精准选题、精心调研和精深建言，给了他很多启发与帮助。并提出下一步的工作要坚持用户导向，实现更大程度的“就近办”；坚持数字赋能，实现更大限度的“网上办”；坚持整体思维，实现更大限度的“集成办”；坚持闭环服务，实现更大限度的“互动办”。

区政协副主席于广滨表示，商事登记改革是党中央、国务院深化“放管服”改革、优化营商环境工作的重要举措，也是深化“证照分离”改革和商事制度改革的重点任务。为推进我区优化商事登记政务服务，打造更加便捷高效的办事流程，充分激发市场主体活力，建议今后要做好立足大局、服务人民，重视宣传、引导网办，统一标准、规范流程，互联互通、数字赋能等方面工作。于广滨副主席表示区政协将一如既往关心关注“最多跑一次”改革，始终以群众痛点为深入调研的突破点、着力点，助力我区“最多跑一次”改革向纵深推进，实现企业和创业者办事由“跑部门”到“找政府”，由跑“多个窗口”到跑“一个窗口”转变，切实方便企业和创业者办事。

成果效应

协商会召开后，区审管办、区市场监管局紧扣协商会有关要求，持续推进“最多跑一次”改革。开展全省唯一一体化政务服务 2.0 平台区级试点，42 个民生事项实现跨部门直接办理。“一件事”改革加快推进，率先实施新设企业开办“同城通办”改革试点，食品、药品、医疗器械行业经营许可证办理等事项“跑零次”，72 个覆盖居民和企业全生命周期的联办事项“最多跑一次”。工程建设项目审批实现“二书合一”“书证合办”，从赋码到开工全过程“最多 60 天”；施工、监理类项目实现全流程电子化招投标。全市率先试点“一窗受理、四端协同”模式，400 余个民生事项延伸至街道服务中心“就近办理”。探索“最多跑一次”改革向公共场所延伸，东站枢纽实现路地警务融合，铁路向地铁单向免检换乘等45项改革措施落地见效，极大方便了群众出行。一场聚焦小切口、助力大改革的专题协商在建言资政与凝聚共识“双向发力”中为我区“最多跑一次”改革按下了“快捷键”。

为“高质量就业”注入强心剂

就业是经济发展的“晴雨表”、社会和谐的“稳定器”，实现更充分更高质量就业是满足人民群众对美好生活向往的题中应有之义，是打造“民生幸福之窗”的重要组成部分。协商现场通过“抖音”直播连线第十六届“创业在江干”专场招聘会，与委员协商议政微信群、江干发布微博直播一起“云互动”，专题协商直播间参与人员 2.8 万人次，微博阅读量 2.4 万人次，委员微信群参与 69 人、建言 117 条，共同构建了我区“请你来协商”在线议政、远程协商新模式。

主题背景

受疫情冲击，就业形势受到巨大影响，各级党委、政府都把稳就业、保就业摆在“六稳”“六保”的首要位置。区政协社法委会同区人力社保局、区市场监督管理局等部门及部分政协委员，围绕“江干后疫情时期就业工作”组织课题调研组，先后实地走访浙江外服、斜杠广场、九阳小家电、万象城、盒马、华润超市等单位，针对不同行业和领域就业情况，开展多层面调研和座谈交流，形成调研报告和建议案，并于 2020 年 9 月 25 日举办“立足新时代 聚焦高质量 合力打造江干就业工作一流示范样本”专题协商会，共谋共商共促高质量就业工作。

课题组走访调研

协商现场委员访谈

疫情下的就业出路在哪里

在疫情防控常态化背景下，如何实现更高质量和更充分就业，协商会上，政协委员、有关部门、企业、专家齐聚一堂，为“合力打造就业工作一流示范样本”想办法、谋思路、献良策。

区人社局以视频短片形式对我区就业工作进行了全面系统的展示汇报，区政协副主席楼玉宇代表课题组通报了前期调研情况。

随后，一场“多边访谈”在孙阳委员的主持下“火热开启”，企业谈、委员议、部门答，从不同的角度和侧面着眼，围绕“倡导城市新消费带动就业”“发展直播新经济促进就业”“着眼市场新机遇引领就业”“探索保障新机制鼓励就业”“植入培养新模式服务就业”五大方面精准建言。

在疫情防控的特殊背景下，一方面居民的消费习惯有所改变，线上订单剧增，门店用人紧缺；另一方面，其他一些行业暂不开业，有大量闲置员工需临时就业。浙江盒马公共事务负责人罗芸在协商会现场分享了盒马首创的“共享员工”模式，并指出这一模式的运用不仅有效提升了企业的履约能力，还分摊了企业用工成本，实现企业对自身存量劳动力资源价值的最大挖掘。

傅渊委员则建议，面对不断涌现的新消费新需求，应顺应潮流，积极培育和规划本地优势要素和特色内容，丰富城市夜生活，打造消费新中心和就业新蓝海。

在谈到新经济这一话题时，“直播经济”引人关注。赵庭尉委员和宣利平委员建议，结合平台打造直播电商综合体、直播电商小镇，有利于产业集聚和资源集聚发展，以集聚促进产业和就业；加大建设选品中心力度，选品中心的背后是庞大的供应链生产体系，能呈几何式带动就业；建设直播达人孵化基地和全国优货选品中心，打通直播经济全链条，吸纳更多劳动力就业，实现更优的经济效益。

会场上，大家还就如何着眼市场新机遇引导就业展开协商讨论。杭州胤瑞养老服务管理有限公司总经理张仁杰和钱飞华委员都呼吁，提供有品质、专业化的服务，要尊重、保护、扶持养老护理员队伍，希望更多的年轻人能够从事这一行业，共同促进养老服务事业更好更快发展。

灵活就业对促进社会就业起到了积极的推动作用，但当前这一领域还存在着劳动关系难界定、劳动报酬不稳定、社会保障待完善、规范管理待健全等问题。

如何保障这一就业群体，尹兆青委员和王建英委员建议，要加强顶层设计，尽快明确灵活就业劳动关系的界定标准，明确互联网平台企业在劳动者权益保护方面的责任；加强行业监管，加大对不签订劳动合同、不依法参保、拖欠劳动报酬等违法违规行为的劳动监察打击力度。

如何让求职者尽快遇到伯乐，人岗匹配问题也成为本次协商建言的话题之一。从事大学生就业辅导工作多年的郭雁认为，推动大学生就业还是要加强教育培训资源的整合，加强校企合作，解决好毕业生到企业就业最后一公里的问题。夏海甬委员结合自己企业的用工情况，建议组织辖区人力资源企业和有用工需求企业，深入目标高校开展职业规划、职场规则、模拟实训、就业见习等职业教育。

多措并举齐发力

对于委员们的建议、提问和企业的关切，相关职能部门负责人现场进行了回应，同时也带来了当前的做法及今后的思路，干货满满。

区人社局表示将在“加强政策保障、加强指导保障、加强招聘保障、加强技能保障”上下功夫。“特邀嘉宾”杭州市就业管理服务中心副主任冯慧卿现场指导点评，为打造就业工作一流示范样本给出“专家意见”。她认为要根据就业形势变化及时调整政策力度，减负、稳岗、扩面就业多措并举。

副区长王跃强点赞委员们的建议站位高、角度新、方向准，为区政府及相关职能部门进一步深化“稳就业”“保就业”，做好“六稳”“六保”工作提供了新思路。同时提出，要增强做好就业工作的责任感和紧迫感，全面落实“稳就业”各项政策措施，提高职业素质，实现高质量就业。

区政协主席黄爱芳在会议总结时指出，此次协商会，不仅有区领导、政协委员、区有关部门，更有社会工作服务中心和不同的企业参与，前期调研充分深入、参与主体更加广泛，同时协商形式守正出新，协商互动务实高效。同时她表示要把先发优势转化为发展动能，把工作“极点”转化为突破“拐点”，以排头兵、竞跑者的姿态持续推动“请你来协商·有事好商量”工作创出新特色、跨上新台阶。

成果效应

区委区政府秉持就业优先战略，进一步织密就业覆盖网，以2个国家级充分就业社区和15个省级高质量充分就业社区的成绩领跑全省。大力实施就业援助精准服务计划，组织“私人定制周”等系列活动，将直播带岗、线下招聘、政策咨询进行有机融合，结合新业态用工趋势组织开展各类招聘会151场，2021年累计采集用工信息16万余条，实现城镇新增就业11.87万，增长30.63%。创新建设“上选·云聘职汇”小程序，利用浙政钉重点帮扶数字驾驶舱和手机服务端开展就业“闭环服务”，2021年线上发布招聘会23场，提供3.6万余个就业岗位。持续开展技能人才培育“315”工程，率先成立技能大师联盟，成功打造省级创业孵化示范基地1家、市级创业陪跑空间10家，2021年新增大学生创业企业800余家。开展电子商务师、直播销售员等技能培训2期，举办直播挑战赛1场。

敲实重点提案办理的“最后一锤”

事事有着落、件件有回音，是对委员履职热情和提案权利的尊重和承诺。抓好了重点提案办理，就是抓住了提案办理工作的“牛鼻子”。本场协商会是在上一年度提案办理工作专题协商基础上，区政协常委会聚焦重点提案办理的再协商、再探索。

主题背景

提案工作是政协的一项全局性工作，通过提案履职已成为广大委员发挥政治协商、民主监督和参政议政三大职能作用的重要方式。区政协坚持“围绕中心、服务大局、提高质量、讲求实效”的提案工作方针，持续推动提案履职转化为推进我区经济社会发展的具体成果。新时代对人民政协事业提出了新任务新要求，提案工作也面临着提质增效新课题。对此，区政协成立课题调研组，通过回顾总结、调查研究、征求意见，认识到加强重点提案办理协商，围绕“关键少数”克难攻坚，是现阶段推进提案办理工作高质量发展的有效途径之一。

区政协开展重点提案办理工作专题协商会（2020 年 10 月 14 日）

平均线以下的重点提案办理“双率”

满意率和解决率是提案办理工作的重要评价指标，“非常满意”和“已经解决”更应是重点提案的努力目标。本次协商会召开前期，课题组对五届政协 4 年来提案办理数据进行统计，发现重点提案办理情况与全部提案办理情况相比，非常满意率不仅低于 4 年平均值 64.2%，更低于 4 年内单年最低值 63.1%； 而解决率虽略高于 4 年平均值，但正在解决的提案占比却远高于 4 年平均值。

“作为提案人，所提提案被确定为重点提案，会让我产生强烈的荣誉感和责任感，因此非常希望自己的提案在办理过程中得到充分重视，并转化为助推工作的具体成果。”协商会上，部分委员表示，重点提案应有重点办理的态度和举措，如在实际办理中感受到的是和一般提案等同的办理力度，提案人的“期望落差”、履职“信心受挫”等都会对解决率、满意率产生负面影响。

谈及办理过程，与会委员普遍感到主办单位在与提案人的联系沟通中，主要以介绍本单位工作进行回应，不仅未能牵头协调会办单位的协办工作，更没能提供领办区领导的办理要求和指示意见，面商时只字不提“重点”二字。重点提案在办理中缺少更深入的问题调研、更精准的信息提供、更丰富的协商层次和更有效的落实力度。

重点提案就是要重点办理

本次协商会是一场专题议政性常委会会议协商，会上，那些悬而未决的“历史欠账”，也是委员们协商关注的重点。

“虽然有些提案带有区级层面的普遍性，有些提案涉及内容已列入区重点工作启动不久，但部分提案还是缺乏有效的落实办法，办理后成效不明显或不持久。”陈贺梅委员表示。

“重点提案是围绕党委政府中心工作、人民群众普遍关心的问题，反映情况真实，分析问题准确，建议明确具体，可行性较强，有重要参考价值的提案。”作为提案委成员的徐志忠委员直言，“但在实际感受中，重点提案‘普通办’的现象客观存在。”

针对上述问题，在场委员都提出了自己的意见建议。

严莺委员建议：“对办理工作中涉及需要区级层面顶层设计或职责不清晰的问题，要进一步落实领办机制，通过区领导统筹考虑、上下衔接，调动相关部门集聚合力推动重点提案落地。”张轶群委员则从督办的角度出发，建议完善重点提案督办例会制度，对重点提案进行更为充分的协商办理，提升办理成效。

区委常委、常务副区长丁熠锋代表区政府就提案办理工作表态：重点提案就是要重点办理，要更好发挥区领导领办的推动作用；“主办不是独办”，会办单位要真正承担起提案办理的协助责任；历史“积案”必须一年少于一年，重点提案要切实转化为助推工作改进和民生改善的抓手。

区政协主席占仁义指出，重点提案的办理，尤其要贯彻“交得对、办得好、落得实”的方针，政府对照职责，精准分工交提案，各部门落实责任、协同配合办提案，政协完善机制、紧密跟进盯落实，真正让重点提案工作成为推动全区发展的动力和抓手。

成果效应

会后，区政协课题组又组织召开了不同层面的座谈会和提案办理工作民主评议会，广泛听取提案人、智库成员和群众的意见建议，进一步谋划以重点提案办理为抓手的提案工作，梳理出加强组织领导、完善领办机制，突出工作重点、完善办理机制，做好跟踪督查、完善督办机制等三方面十余条意见建议，并形成情况报告报区委区政府。

区委区政府认真研究采纳有关意见建议，进一步完善了“两会”提案督办例会制度，区政府和区政协分管领导定期听取提案办理工作汇报，专题研究重点提案建议的办理进度和难点问题，真正实现了“重点提案重点办”。同时，根据副区长叶榕提出“做好延伸办理，解决‘历史欠账’”的要求，区政府还形成了年度重点提案“回头看”工作机制，将深化“最多跑一次”改革、打造湖滨商业步行街、历史建筑开发利用规划、开展应急救护普及培训、老旧小区电动车充电管理等重点提案纳入“回头看”工作范围，委员提出的“真知灼见”在党政重视关注、部门合力攻坚下得到了持续推动和较好落实，重点提案在提案办理工作中的“关键少数”地位和示范引领作用得到进一步提升和彰显。

扬帆起航新征程

2021 年 5 月，新上城区政协成立。我们以“请你来协商”为总牵引持续深化专门协商机构建设，坚持“上”的标准，做强“商”的功能，奋力打造政协“协商窗口”，在新上城开启了助力区域经济社会事业高质量发展的新篇。

聚力消费中心　奏响开篇序曲

消费是推动形成国内大循环的重要环节，是事关经济发展、民生保障的综合性课题。本次协商作为新上城政协“请你来协商”的开篇首秀，落脚点是钱江新城商圈的“十字金街”，但着眼点是“三圈三街”和“消费中心”建设的全局，旨在通过小切口撬动大课题，在以小见大、以点带面中精准助力区委区政府中心工作。

主题背景

杭州区划优化调整后，新上城提出了“打造国际消费城市核心带，拓展‘三圈三街’（由湖滨、吴山、钱江新城三大商圈和湖滨步行街、清河坊步行街、十字金街三个商业街区共同组成）消费新空间”的目标。作为“三圈三街”的重要组成，十字金街就像镶嵌在新上城金靴上的一颗夜明珠，承担起了新消费的烟火人气和时尚潮流。如何使之在打造消费中心新征程中绽放出更加耀眼夺目的光彩，这既是党政之所需，亦是政协之所重。为此，区政协会同区商务局等部门成立课题组，先后赴金街商业联盟企业开展全面深入的走访调研，依托“请你来协商”平台，为打造全国重要的消费中心把诊问脉、建言协商、凝聚共识。

金光熠熠的十字金街

协商场景

主题： 聚焦数智时尚新金街，建设消费中心新窗口

时间： 2021 年 6 月 4 日

地点： 十字金街

人员： 省、市部门负责人，区领导，区政协委员，区有关部门负责人

让十字金街越“夜”越美丽

6 月 4 日晚，在华灯初上的十字金街，新上城区政协首场“请你来协商”“隆重登场”。政协委员、商圈代表、市民代表及专家学者、职能部门置身街头，协商互动，畅所欲言。

作为银行从业者的林影委员率先发言：“要积极引入世界知名品牌，追随

“聚焦数智时尚新金街 建设消费中心新窗口”协商会现场

时尚潮流，使之成为全杭州乃至全浙江省的打卡地，提升十字金街国际购物体验。”

“十字金街相较于成熟商圈，还需在空间开发、功能业态、消费氛围、夜间人气等方面持续推进。”胡巍巍委员说道。

晁晓苹委员则表示：“十字金街可以主打夜间文化艺术、互动场景，打造极具国际范的灯光艺术秀街区。”

郑洁瑜委员紧接着补充：“要注重夜间经济专业化运营，加强夜间经济组织管理。”

黄晓芹委员作为商场经营者，深谙商业联盟的引领作用：“要形成联盟有效运行机制，搭建联盟互动交流平台。”

周立钢委员对于发挥商圈作用有着不同看法：“建议持续提升湖滨商圈、吴山商圈、钱江新城商圈的能级，实现城区内的消费中心打造和商圈联动、融合升级。”而黎洁委员认为：“商圈能级需进一步提升、布局需进一步优化、场景需进一步拓展、格局需进一步开放。”宣利平委员建言道：“可以通过设置一些智能导航路牌、养眼城市家具等公共设施，构建一幅新消费、新零售与美好生活深度融合的新图景。”

你一言我一语，在繁华的十字金街街头，委员们聊得火热、议得真切。

商圈如何迭代升级？

面对委员们提出的“真知灼见”，相关职能部门和属地街道负责人一一回应，共同为建设消费中心新窗口想办法、谋思路、献良策。

区城建开发公司负责人表示，将会由中国美术学院对街区的城市家具进行交通服务类、公共休闲类、市政服务类三方面的概念性设计改造。区城管局负责人表示将通过打造靓丽夜间景观、引导创意商业外摆、举办各类街区活动，培育金街夜经济。区商务局负责人表态将积极创新消费模式，提升“三圈三街”国际能级、构建“数智时尚”消费场景、推动“商旅文体”业态融合。区文广旅体局则从文旅融合角度回应，将分时段推进各类活动。区发改经信局将以重点规划引领，以长三角一体化推动，以重大项目撬动，为上城打造消费中心提供项目保障。区融媒体中心负责人指出，将会做好媒体宣传报道，举全区之力打造一种带有高级、科技、时尚、体验的金字印象，讲好带有钱塘江文化特色的金街故事。而作为属地街道，四季青街道负责人现场表态，将推进商圈服务提升，重点依托钱江新城商圈优化购物便利度和体验感，助力“十字金街”建设成为杭州潮流新地标。

委员“街头”热议金街发展

省商务厅副厅长张曙明，戴德梁行杭州、南京及合肥公司总经理汤耀光给出专家点评，表示本次协商会理论水平高、问题分析透、建议方向准，为新上城做强“三圈三街”，建设消费中心打开了思路、拓宽了眼界。

区委副书记、区长章燕以“三个最”高度肯定区政协协商机制和协商成效，即能最大限度组织社会各方面力量参与党政中心工作，最广渠道汇集意见建议，最快速度回应党政决策。对下一步新消费中心建设，她提出了“六个一”的新要求：制定一个高水准的规划，打造一个具有凝聚力的联盟，策划一批有品牌力的活动，升级改造一批具有辨识度的设施，做强一系列引优引强的政策支持和开展一系列具有传播性的宣传推广，让新上城的营商环境、消费层次和品位持续引领全省。

“政协协商的过程本身就是一个建言资政和凝聚共识‘双向发力’的过程。协商意见建议的落实落地是履职成果，在协商互动中凝聚共识合力更是履职成果。”区政协主席黄爱芳表示，“我们把协商现场从‘会场’搬到‘街区’，在开放式场景中营造‘各抒己见、畅所欲言’的民主氛围，既契合政协开门协商的履职导向以及和谐包容的协商文化，也拓展和丰富了‘请你来协商·有事好商量’实践探索的特色内涵。区政协也将继续与区政府密切联动，宣传推介好新上城的消费环境和商贸资源，为新上城高质量打造一流国际化现代城区持续贡献政协智慧和力量。”

成果效应

协商会后，区委书记刘颖对协商成果《关于加快建设我区新消费中心的建议案》作出批示，并给予充分肯定。随着“三圈三街”叠加效应持续释放，依托钱江新城地下通道和空中连廊，十字金街与钱江新城核心区、灯光秀世界展示窗口、江河汇综合体的立体式深度交互，“数字+”“体验+”的大街区、大商圈模式进一步推进。仅10月1—7日，上城区重点监测企业实现销售额10.6亿元，同比增长13.5%，实现客流量532.3万人次，同比增长5.7%，数智时尚消费第一区品牌进一步提升。

南宋书房话“宋韵”

宋韵文化作为中华优秀传统文化的重要组成部分，是具有中国气派和浙江辨识度的重要文化标识。擦亮这张文化“金名片”既是党政所需，亦是政协所能。在南宋书房的沉浸式协商首次引入视频建言环节，既体现协商形式的守正创新，又成为协商渠道的拓展延伸，彰显了“众人的事情由众人商量”的鲜明特色。

主题背景

2021 年 8 月，浙江省委文化工作会议开启了“宋韵文化传世工程”建设。杭州实施行政区划优化调整后，省委、市委对新上城提出了“一区四中心”的新定位，赋予了打造“宋韵文化传承展示中心”的文化新目标，传承、发掘、展示好宋韵文化这张千年“金名片”，既是责任传导所需，也是使命担当必为。对此，区政协专题研究并确定了“打造文旅融合体验高地，聚力推进宋韵文化传承展示”的年度重点协商课题，先后走访政协委员、专家学者、企业、市民代表 55 人次，召开各层面课题座谈会 9 场，并赴周边地区学习考察。

“打造文旅融合体验高地、聚力推进宋韵文化传承展示”专题协商会现场

协商场景

主题： 打造文旅融合体验高地，聚力推进宋韵文化传承展示

时间： 2021 年 8 月 3 日

地点： 南宋书房

人员： 区领导，区政协委员，文化旅游相关专家，区政协秘书长，区有关部门负责人

让“诗和远方”走在一起

何谓宋韵？又该如何推动宋韵文化传承展示和发展？在上城区清河坊宋韵氤氲的南宋书房里，一场关于“宋韵文化”的沉浸式协商会如火如荼进行着，委员们围绕“文旅融合”协商互动，解码千年宋韵，共同找寻宋韵文化传承展示的“金钥匙”。

协商会上，委员们围绕“凝练宋韵精神内涵”“优化文旅供给品质”“创新品牌推广传播”三大版块，提出诸多建设性意见。

“宋韵，韵在精神。文化传承更多的是精神的传承。”海塘遗址博物馆馆长姚倩委员首先发言，“要以历史的视野、发展的眼光、务实的精神，从新时代要求着手，提炼出宋韵文化的精神内涵。”上城区社区学院徐跃峰委员补充道：“要成立专门研究机构，为区域文化打造提供权威指导，进一步提高宋韵文旅线路的社会知名度。”在清河坊工作多年的涂小莉委员结合本职工作，给出了务实建议：“要打好文化、数字、品牌三张牌，以德寿宫为原点，串联清河坊历史街区、吴山地下空间，形成宋韵主题体验现象级项目。”

宋韵文化如何赋能城市文旅产业破圈融合？资深旅游从业者施雪雁委员认为，要优化宋韵文旅供给品质，就是“要充分利用宋韵文化资源，打造文旅精品线路，以手绘导览图的形式加以宣传，使宋韵文旅线路深入民众、深得人心”。“建议打造全国首家线上线下宋韵主题文创产品的集中陈列及销售平台，更好地传播宋韵文化。”南宋书房负责人赵群伟说道。而致力于杭州传统名菜的餐饮特色企业代表郑乐云则希望，专家机构能提炼汇总出最有代表性的宋韵文化特征，为企业提供权威指导。

“酒香也怕巷子深”，如何更好地宣传好宋韵文化，把这个品牌营销传播好，两位委员提出了不同思路。朱建兰委员呼吁：“以南宋文化为核心，结合宋韵文化标识打造宋韵文

南宋书房里话“宋韵”

旅 IP。”朱盈委员则提出了“打造一个大型实景演出、一部宋韵题材作品、一个宋韵杭州话题、一个吉祥物的‘四个一’，促进宋韵文化传承展示”的建议。

为了将更多委员的“真知灼见”带到会议现场，此次协商会还特别制作了委员建言集锦短视频，拓宽了建言渠道、拓展了思维广度，让人耳目一新、记忆深刻。

让宋韵“飞入寻常百姓家”

面对委员们提出的建议，区文广旅体局、区商务局、区文创发展中心等职能部门负责人也一一回应，详尽解答。杭州日报报业集团编委、新闻和发展研究所所长、杭州市社科院南宋史研究中心兼职研究员姜青青以及杭商旅宏逸集团董事长许雷现场指导，为上城区推进文商旅深度融合，合力打造宋韵文化传承展示中心把脉问诊。委员建言、部门应答、专家点评，让宋韵文旅融合可见、可感、可传承。

副区长毛素云点赞政协委员们思路广、建言实、举措新，为区政府深入推进“宋韵文化传承展示”提供了很好的借鉴和启发。她表示，区政府将从“社会需求度”“市场激活度”“各界满意度”三方面着手，落实好政协委员们的意见建议，也希望委员们能一如既往地发挥自身优势，集结更多社会力量参与到“宋韵文化传承展示”中心工作上来。

区委常委、宣传部部长范卫东感谢委员们为区委宣传部完善“南宋文化节”方案提供了新的思路。他指出，要传承展示好宋韵文化，就必须凝练宋韵文化精神内核，解码文化基因，以重点项目推进为抓手，坚持雅俗共赏，不断推进文旅融合，相信美好的宋韵定能“飞入寻常百姓家”。

“城市的发展终以文化论高下。宋韵文化是两宋文化中具有文化创造价值和历史进步意义的哲学思想、人文精神、价值理念、道德规范的集大成者，传承、发掘、展示这一飘零千年的‘金名片’，既是党政所重，更是政协所向。”

区政协主席黄爱芳表示，“本场协商会聚焦‘文旅融合’小切口，既关注了宋韵文化内涵的发掘、凝练，又涵盖了宋韵文旅品牌的塑造、推广，选题定位准、破题站位高。相信在区委区政府坚强领导和有力推动下，在全区上下和社会各界共同努力下，宋韵文化定能成为新上城最鲜明的地域文化标签、最靓丽的城市文化名片。”

成果效应

协商会召开以后，区政协立即梳理形成建议案。党委政府领导高度重视，职能部门迅速落实，一系列翔实举措纷纷出台。宋韵文化研究传承中心正式挂牌成立，编制出台《上城区宋韵文化传承展示中心建设“十四五”规划》。开发推广“南宋有约”“杏林春韵”等宋韵研学游线16条，区非遗体验馆等文化体验点25处。统筹打造南宋书房、宋代玉器馆等宋韵杭式雅生活体验基地11个。实施宋韵文化惠民工程，举办活动4500余场，惠及人群140万余人次。升级打造“云上城事”文化云惠民平台，推出宋韵文化直播讲座11期，累计观看人次达32.8万。扶持文创企业开发宋韵文化，实现文化产业（规上企业）前三季度增加值28.9亿元，增长19.7%。密集推出“宋韵最杭州 活力新上城”“我在上城追宋‘潮’”等主题报道637篇，从非遗、美食、街景、产业四大版块全方位展示“宋韵文化”，总阅读量达2821.1万。

续“金玉良缘” 谱共富新篇

一枕玉皇，南望钱塘，金融创富，此地为上。本次协商会是“请你来协商”与“委员会客厅”联盟搭台，省、市、区三级委员联动履职，政协金融智库与基金小镇大咖联手建言，区委区政府两位主要领导联袂出席“四联同心”的开放式协商。开创了新上城“协商窗口”建设新境界，为区政协进一步坚持“上”的标准、做强“商”的功能提供了实践范例。

主题背景

玉皇山南基金小镇2015年挂牌成立后，快速集聚金融机构，吸引海内外金融人才，总资产管理规模超1.16万亿元，累计实现税收超90亿元，位列浙江特色小镇之首。杭州行政区划优化调整后，为金融创新、小镇蝶变提供了更多空间和发展机遇。2021年初，区委书记点题，将“打造基金小镇2.0版，擦亮‘钱塘江金融港湾核心区’金名片”作为“请你来协商·有事好商量”年度重点协商课题，为小镇发展贡献政协智慧和力量。

通过前期大量的走访调研，课题组认为基金小镇建设抓得扎实、产业发展迅猛、营商环境优质，与杭州金融城交相呼应、相得益彰，正成为全省重要的金融产业集聚地。然而在区划优化调整和自身发展升级的关键阶段，小镇也面临着物理

玉皇山南基金小镇

空间、产业质效、风险防控等方面的可持续发展瓶颈，在此背景下举行本次协商活动，正是区委区政府贯彻协商于决策之前和决策实施之中的现代治理要求的一次生动实践。

协商场景

主题： 打造基金小镇 2.0 版，擦亮钱塘江金融港湾核心区“金名片”协商峰会

时间： 2021 年 9 月 8 日

地点： 玉皇山南基金小镇

人员： 区领导，金融专家，省、市、区政协委员，区政协金融智库成员，区有关部门负责人

南宋皇城根下的财富乐章

西湖往南，玉皇山南基金小镇坐落于南宋皇城遗址核心区，北依玉皇山，南临钱塘江，东靠钱江新城，西望群山，藏气聚财。5 平方公里的土地上，汇聚了 2400 余家金融投资机构，5000 多位金融人才，涌动着万亿元资金。如今小镇以高质量发展为目标，努力通过构建基金募集、投资、管理、退出全产业链条服务体系，打造小镇 2.0 版本。

“以核心业态为例，2.0 版本应该是从以私募股权、私募证券为主体扩展到大资管全类别、全链条。”浙江省金融研究院院长汪炜将基金小镇目标定位为“两样板”“两中心”，即中国区域性股权市场改革样板和中国特色世界级基金小镇样板，全国性大宗商品金融服务创新中心和长三角领先的财富管理创新中心。同时，汪炜对小镇 2.0 建设提出了“五个升级”的建议，即核心业态从私募到大资管、承载空间从小镇到大片区、物理形态从实体到“数字孪生”、服务对象从高净值到共同富裕、发展方向从资本集聚到资本向善。“重点是引进大型资管机构，国资背景金控、投资机构，上市公司投融资总部，还要引导资本投向国家战略、重点产业、‘凤凰行动’，形成投资领域的特色优势，引领实体经济，倡导鼓励资本向善，积极参与公益慈善事业。”汪炜的专业见解博得了会场上的阵阵掌声。

“着眼更高更远的未来，金融城与玉皇山南基金小镇的携手，两大产业聚集示范区的引领带动作用，必将提升金融服务、数字经济等相关领域的创新发展，成为一张国内知名的金融服务业‘新名片’。”王渊委员站在新的历史起点，对金融城和山南基金小镇的“金玉携手”提出了很好的思路。

“希望与四季青、彭埠、笕桥、钱塘智慧城等街道和产业平台招商互动，推动建立涵盖信息资源互通、人员交流挂职、招商资源共享等内容的‘基金小镇（平台）—街道’招商合作机制。”张子健委员从空间拓展的角度提出了坚持规划引领、强化项目带动、构建一点多元格局三方面建议。

"打造基金小镇 2.0 版，擦亮钱塘江金融港湾核心区'金名片'"协商峰会现场

在产业空间拓展的基础上，小镇的内涵提升也是与会人员关注的重点。吴谦委员为小镇创新金融要素集聚高地建设提供了非常专业化的建议，他提出要把"长三角协同、服务实体经济、融合性产业生态"作为小镇 2.0 版的重要发力方向。

黄晓莉委员围绕"双招双引"从政策落实、产业招商、人才服务等三方面提出了放大要素集聚效应、做好为企服务、营造创业创新氛围等中肯建议。

有着多年金融从业经验的委员们于山水风情中侃侃而谈，一个格局更开放的山南基金小镇 2.0 版也愈加清晰生动。

四联同心共续金玉良缘

在委员建言后的专家论坛环节中，财通证券董事长陆建强、凯泰资本创始合伙人徐永红、敦和资管董事长施建军、赛伯乐创始合伙人陈斌等行业大

专家论坛

咖，分别从玉皇山南基金小镇 2.0 版概念思路、小镇在共富示范区建设中的新定位、资本回流以及世界级基金小镇样板建设等方面分享前沿观点、提出前瞻对策，为党委政府提供了既有理论高度更有操作可能的决策参考。

“今天的协商活动站位高、规格高、质量高，在小镇的发展史上具有里程碑的意义，也让我们看到了上城政协‘协商窗口’的标准、‘上上之城’的样子。”区委书记刘颖参加本次协商活动并给予了高度肯定。他强调，要做好协商后半篇文章，切实把协商成果转化好、特色品牌彰显好、各方力量凝聚好，让“请你来协商”的建言成果转化成为小镇迭代升级的真实效果。

“如何发挥玉皇山南基金小镇在创建长三角领先的金融中心和钱塘江金融港湾核心区中靴尖开路、龙头引领、先发优势作用，以小镇 2.0 蝶变激发钱塘江金融港湾核心区活力，实现‘一子落而满盘活’的效果，既是摆在区委区政府面前的全新课题，亦是政协靶向发力目标所在。”区政协主席黄爱芳表示，“本次协商会就是一场党委点题、政协搭台的‘群英会’，是一声凝心聚力、持续助推的‘发令枪’，更是一道‘请你来协商’‘委员会客厅’双强融合的‘功夫菜’，开启了协力奔跑钱塘江金融港湾核心区建设的新征程。区政协将加强对协商成果的再协商，共同做好成果转化‘下半篇文章’，为合力擦亮钱塘江金融港湾核心区‘金名片’、提升新上城金融产业首位度贡献政协智慧和力量。”

成果效应

协商活动后，区政协课题组再次对基金小镇开展全方位、立体式调研，并组织了多场不同层面的座谈协商，结合协商活动上的观点建议，梳理形成了内容翔实、建议务实的建议案报区委区政府参考。在各方的持续关注下，截至 2021 年底，玉皇山南基金小镇新引进企业 169 家，成功落地浙能股权投资基金、浙能科创基金、软银康健基金、国融证券浙江分公司、海湃创新产业基地暨上城区双创综合体、亿利达、益祥明如、云和泰丰等优质项目；新增投向实体经济项目共 1768 个，成功扶持培育 45 家公司上市；有序推进小镇 2.0 版编制规划，启动了尼龙山地块提升改造工程，完成部分地块控规调整选址和出让前准备，有机更新了小镇环境。同时，基金小镇省政协委员会客厅获评“全国杰出委员工作室（站）”，基金小镇财通证券投资者教育基地被命名“全国证券期货投资者教育基地”；着力打造创投股权与私募基金份额报价转让平台，成为全省唯一试点地。

当你老了

上城区是老城区，老龄化程度较高，养老问题关系到每个人、每个家庭，进而与区域发展息息相关。本次协商由政协搭台，九三学社发出“党派声音”，通过现场访谈、图文直播、视频连线等多种方式，委员、机构、老人多方参与，共同探讨养老话题。

主题背景

从21世纪20年代到中叶，是中国人口老龄化高速发展的时期，积极、科学、有效应对人口老龄化是当下以及未来经济社会发展的关键所在，也是我区聚焦共同富裕示范区建设，不断满足人民群众尤其是老年人口对美好生活向往追求的关键所在。区政协社法委围绕“构建老年友好型社会”组成课题组，先后实地走访广宇集团、缘外缘养老院、在水一方养老服务集团等企业（机构）和湖滨、紫阳、南星、闸弄口等街道，广泛开展多层面调研，形成调研报告和建议案。在前期调研的基础上，2021年10月19日，区政协社法委与九三学社上城基层委联合承办了“构建老年友好型社会”专题协商会。

老有所乐

让老人活得更精彩

区政协副主席楼玉宇代表课题组率先分享了调研成果。随后的现场访谈中，区政协委员、主持人朱盈与多位嘉宾共同描绘了老年人开心出门、快乐回家的美好场景。

黎洁委员作为企业经营者，对市场触觉异常灵敏，她提出，要培育适老化改造的新市场，积极推动“政府 + 保险 + 百姓”的消费模式。区民政局负责人向大家保证，养老服务政策确保达到“1+1 > 2”，按照“同区同待遇、就高不就低”的原则落实政策保障；基础设施建设实现全覆盖，形成“15 分钟”社区养老服务圈；通过项目化形式、市场化运作为老年人提供专业化服务。

杭州市第二福利院院长孙晓冬和杭州市公羊会公益基金会会长何军都认为，社区在养老服务上需要承担更多责任。比如要以社区养老服务中心为窗口，打造汇聚人气的场所，用社区公益课堂的形式，为老人提供有价值的内容信息。而养老机构要努力拓展服务品质，实现对社区养老服务的精准供给，深入社区共建共融，助力家门口养老。

上城区是杭州的老城区，养老问题一直是摆在基层街道、社区面前的重大课题。通过视频连线，闸弄口街道副主任李爱军向总平台介绍了街道的老龄化现状及一系列养老新模式。闸弄口街道老龄化问题突出，空巢化、独居化和高龄化特点明显。近年来，街道通过改善“空间”，重塑宜居畅行环境；提升“质量”，打造康养服务品牌；注重“精神”慰藉，植入文化养老特色；借助“数字”赋能，焕发为老服务新生等手段，积极整合优化辖区资源，实现居家、社区和机构养老无缝对接、闭环服务，让老年人有一个幸福美满的晚年。

比起养老平台、机构的优化，九三学社夏丁玲更为关注老年人的心理健康：“对老人的关怀中要有尊重和边界，助力自我实现，可以鼓励老年人换个舞台继续扮演精彩的社会角色，体验到价值感。”此时，作为协商会的特殊嘉宾，九三学社杜涛恒分享了他充实而忙碌的退休生活。今年 85 岁的杜老，退休后积极参与单位的技术攻关难题，出版多本专业书籍，获得多项国家发明专利。杜老精神矍铄、思路清晰、发言洪亮，现场不时响起阵阵赞叹声。

让老人活得有尊严

经营养老机构的牟晓军委员指出，全社会要特别关注失智症（老年痴呆）患者，他希望通过友善居民培养、友善服务开展和友善氛围（空间）营造等途径，打造一个让失能失智老人有尊严的安心的生活家园。针对失智症这一特殊群体，区卫健局负责人回应道，我们将发挥辖区优质医疗资源优势，积极开展老年保健和医疗保障。通过在全区试点建立“省市级医院—社区医院—各级民营医疗机构”三级网络，开展“失智症”早期筛查诊断，探索建立早期居家护理、中期社区照护、晚期住院治疗的长期照护服务模式。

我区持证残疾人中老年人的占比很高，无障碍设施建设与残疾人和老年人的日常生活息息相关，如何保证老年残疾人平等享受社会发展成果，区残联负责人介绍了我区建设无障碍环境做法。通过推进城市无障碍设施建设、无障碍社区建设、困难家庭个性化无障碍设施改造、信息交流无障碍平台及数字化场景建设等方式，提升助残服务水平。

华数传媒的陈璐委员透露，公司正计划以电视端的直播、点播、专题课堂为载体，为不方便出门的老年群体开设居家学习的新窗口、新平台，有效助力老年人跨越“数字鸿沟”。

养老服务行业离不开专业化人才，如何吸引人、留住人、用好人？杭州胤瑞养老服务管理有限公司总经理张仁杰呼吁，完善相关法律和制度安排，让职业有高度、技能更专业、服务有保障、机制更高效，为养老产业健康发展保驾护航，也为更多年轻人的加入创造条件。

让老龄话题不再沉重

在协商现场的大屏上，协商会正在同步进行图文直播，政协委员通过钉钉群开展线上热议。据统计，直播间参与人员 2.6 万人次，参与留言 536 条，委员钉钉群参与 129 人次，建言 228 条，共同参与这场人人有话说的民生议事。

特邀嘉宾浙江省民政厅养老服务处处长陈建义现场进行指导点评。他说，老龄化问题是一个较为沉重的话题，养老服务是高关注、高投入也具备高不确定性的民生实事，这次协商会主题选得好，思考很敏锐，活动也举办得很成功。上城区具备丰富的医疗资源和扎实的社区工作基础，能够也应该在构建老年友好型社会的进程中走在前列、争当示范。同时，他也对政协工作提出了多调研、多表达、多宣传、多呼吁、多监督的“五多”要求，希望政协能持续助力上城养老事业的发展。

副区长毛素云表示，下一步区政府将立足社会需求，树立精准服务的工作理念；加强系统谋划，建立普及普惠的幸福颐养体系；拉高工作标准，打造共同富裕示范工程。在政协及社会各界的关心和支持下，区政府有信心也有决心，打造出触手可及的上城颐养样板。

区政协主席黄爱芳对本次协商会作了小结，她指出，这次协商会选题体现了前瞻性的视野，前期调研扎实充分、协商形式丰富多样、参与主体开放多元，凸显了政协“请你来协商 · 有事好商量”平台协商的精品化导向。希望有关部门在下一步工作推进中，把上级领导的专业意见吸收好，把区委区政府的部署要求落实好，把委员和各界的建言成果运用好，持续推进老年友好型社会的构建。

成果效应

2021年，全区共有养老机构35家，养老床位数4948张，有5.3万人享受“智慧养老”服务。建成省级示范型居家养老服务中心22家，社区居家养老服务照料中心167家，社会化运营136家，与医疗机构签约率达100%；建成爱心食堂（助餐点）54家。养老机构和居家养老服务机构共有养老护理员788人，持证人数为588人，持证率达74.62%；每万老年人口拥有持证养老护理员数21.68人。部门、街道联动、联手合力打造老年友好型社区，清波街道柳翠井巷社区荣获2021年全国示范性老年友好型社区。2022年，服务于全年龄段的“幸福邻里坊”试点项目正在有序推进。创新“智养码”系统，运用数字化手段推进“居家智养码、照护全天候、养老政策全知道、养老服务全监管、补贴资金全直达”等五项典型子场景应用建设。

提升城市“颜值” 迎接亚运盛会

“美丽上城”建设是区委区政府的重点工作，体现的是城市治理的现代化水平，代表的是一个区域的整体品质和气质。以“请你来协商”扮靓美丽上城的“亚运妆”，政协人化身城市美容师，用协商“言值”提升城市“颜值”。

主题背景

从南宋皇城到钱江新城，从吴山天风到日月同辉，拥江揽湖走运的地域优势和绵延传承千年的人文浸染交织成了新上城“美”的基因。近年来，上城区持续做好“美丽”文章，依托“‘迎亚运’城市环境大整治、城市面貌大提升”长效管理行动等多项举措，持续开展“美丽上城”创建。杭州亚运会的脚步正日益走近，而城市环境品质是直接展现杭州形象的重要一环。为此，区政协组织委员们开展为期近三个月的调查研究，先后走访区城管局、区住建局等相关部门，调研清波、四季青、采荷等街道，实地考察湖滨步行街、四季青服装特色街区环境整治工作情况，并与区城管局一起赴拱墅区考察学习，全面了解“美丽上城”创建情况和面临的挑战。

亚运通勤道路——上城区富春路

让上城更美更靓

为加快打造“无街不美景、无处不精细”的美丽上城，2021年11月17日，区政协组织召开“共建美丽新上城 携手同心迎亚运”“请你来协商·有事好商量”专题协商会，政协委员、专家学者和职能部门围坐一堂，围绕如何让上城生态“高颜值”、发展“好气质”、城市“新韵味”出谋划策。

协商会现场，大家围绕垃圾清运、绿地养护、道路维护、氛围营造等热难点问题精准建言献策。

区城管局负责人汇报了“美丽上城”创建暨“‘迎亚运’城市环境大整治、城市面貌大提升”长效管理工作的开展情况。区政协课题组汇报了前期调研情况，提出聚焦重点区域、加大旧改力度、完善体制机制、加强协同合作、鼓励全民参与五方面建议，认为应把创建“美丽上城”与推进亚运城市行动紧密结合起来，乘势而上，以亚运城市行动比学赶超倒逼城市有机更新、环境管理整治有序推进。

针对定时投放点位垃圾桶清运不及时问题，高艳霞委员建议社区根据实际情况适当增加垃圾桶的数量，增加流动垃圾车巡查频次，防止垃圾外溢。

提到绿地养护制度，盛国祥委员认为应恢复河道与绿地的综合一体化养护模式，统一养护保洁规范标准，消除绿地管理缝隙，切实提高城市精细化管养水平。

吴正委员围绕城市道路改善方面提出：通过优化程序，做到城市道路建、管、养无缝对接。同时，多部门联动形成道路维护计划并加以落实，确保城市道路建优、管牢、养好。

上城是市场“大户”，针对市场环境的提升，应科委员给出建议：“抓住亚运会的契机，提升四季青商圈整体环境，打造集美丽、时尚、品质为一体的中国服装第一街，使这一金名片焕发新的活力。”

杨杰涛委员则建言“智慧城管”运用：“可以采用视频 AI 智能分析技术，综合监控分析视频图像样本，建设消防车通道智能监控系统、弱势群体风险监控系统，将发现的堵塞消防通道等安全隐患，老人摔倒、儿童走失风险警告，自动发送给消防、公安等相关部门和街道社区，提高城市管理精细度。”

围绕如何营造全民参与环境整治大提升的氛围，张艺群委员建议，通过结合杭州诚信系统大数据将“个人环境自我管理”进行分析研究，针对不同人群采取不同的参与和鼓励方式。

杭州和瑞生活服务有限公司负责人则从采荷街道老旧小区“金牌管家”的实践经验出发，从创新管理、数字赋能、标杆引领等三个方面谈了在老旧小区物业管理运营中的思路和理念，表示将通过三方协同，深度参与政协议事协商，解业主所急，破管理难题，不断提升服务标准，持续推进老旧小区社会治理服务。

共绘“美丽上城”新画卷

委员们直截了当、争相发言，部门负责人一一回应、亮出举措。区住建局负责人针对建成未移交道路问题进行回应，表示将积极探索新思路新方法，打造“半月谈”建管融合新品牌，构建条线、部门、街道、建设主体的“四融合”管理体系；做到建设过程标准先行，完善《区城市管理建管衔接工作规范》等；注重创新接收方式，在保证设施安全的情况下，对存在的一般性问题实行先接收后整改。围绕老旧小区物业管理，区住建局将进一步打造数智型“金牌管家”2.0版本，引导服务单位参与基层治理，引导居民自治管理，进一步履行监管职责，丰富物管形式，推进数字赋能，提升物管质量。

区城管局负责人表示将对照“席地而坐、手摸无尘、人过无屑、车过无痕”的标准开展精细化保洁，推进街区环境整体治理；同时联合多部门，构建多层次、立体化的宣传网络，让环境整治工作成为一项“自觉”的行动。

“干净、整洁、有序的城市环境面貌是人民生活的幸福底色，是建设一流国际化现代城区的内在要求，也是‘美丽上城’的题中之义。”区政协副主席于广滨指出：“全力助推‘美丽上城’建设，必须提高政治站位统一思想，提高认识；加强协调保障，建立协调保障制度和机制，加大协调力度；关心关爱基层，科学合理统筹管理，加大对社区社工队伍的关心关爱。区政协将充分发挥专门协商机构作用，坚持建言资政和凝聚共识双向发力，为助力‘美丽上城’创建贡献政协力量。”

副区长薛鸿翔点赞委员们的诤言良策鼓舞人心、催人奋进，也为区政府后续的工作指出了努力方向，增添了工作动力。针对下一步工作，他指出，要抓精细、抓规范、抓试点，把“美丽上城”这张金名片擦得更美更靓。

成果效应

协商“议得好”只是第一步，成果“办得好”才是真的好。协商会后，区政协持续跟踪协商成果的转化运用，相关职能部门通过持续推进专项整治、持续强化督查检查、持续融合亚运项目，进一步加大整治力度，全年整改各类环境相关问题2.2万余个，环境品质得到显著提升，切实为亚运盛会营造了“席地而坐、手摸无尘、人过无屑、车过无痕”城市环境。

后　记

习近平总书记深刻指出：“在人民内部各方面广泛商量的过程，就是发扬民主、集思广益的过程，就是统一思想、凝聚共识的过程，就是科学决策、民主决策的过程，就是实现人民当家作主的过程。”

人民政协是中国共产党领导各民主党派、无党派人士、人民团体和各族各界人士在政治制度上进行的伟大创造。政协协商民主作为求同式民主、参与式民主、开放式民主，在发展全过程人民民主、扩大群众有序政治参与中，具有“我有你没有、我能你不能”的政治优势、功能优势、组织优势。

追古溯今，郡县治，则天下安。市、县是展示新时代“中国之治”的“重要窗口”，是践行全过程人民民主的广袤天地。越是在基层，党政中心大事、改革发展要事、民生改善实事、社会治理难事，与群众切身利益越密切，就越需要发挥协商民主的优势作用。基层政协在了解民情、反映民意、集中民智、化解民怨、排解民忧等方面具有独特优势，与推进基层协商有着天然联系，能够更好发挥协商民主的优势作用。四年多的实践证明，“请你来协商”综合承载专门协商机构功能定位，在“有事好商量”的民主氛围中求同化异，凝心聚力，成为党政爱用、群众受用、履职管用的协商平台，在参与基层社会治理、服务各界群众中日益迸发出蓬勃生机活力。只要我们准确把握人民政协性质定位，大胆探索创新，就一定能充分发挥人民政协在推进国家治理体系和治理能力现代化特别是基层治理中的独特作用，彰显人民政协制度的优势和效能。

忆往昔，“请你来协商”自“钱塘江畔金江干”开新局，向未来，“请你来协商”共“拥江揽湖新上城”续新篇。新上城区政协将始终坚持“上”的标准，做强“商”的功能，将全过程人民民主全链条、全方位、全覆盖的特性要求落实到基层协商民主实践之中，围绕“协商窗口”建设目标系统集成“请你来协商”“民生议事堂”“协商驿站”三级协商平台，加快构建“协商三代同堂，委员济济一堂”协商议事新格局，为打造践行全过程人民民主省域典范、全面建设独具韵味的国际化、现代化共同富裕典范城区贡献政协智慧和力量。